图说世界财经·金融普及读物

文明古国财经故事

⑤

没有恩人的感恩节：印第安文明故事

江晓美 著

中国科学技术出版社

·北 京·

图书在版编目（CIP）数据

没有恩人的感恩节：印第安文明故事/江晓美著. —北京：中国科学技术出版社，2011.9

（文明古国财经故事）

ISBN 978-7-5046-5916-3

Ⅰ.①没… Ⅱ.①江… Ⅲ. ①美洲印第安人－经济史－通俗读物 Ⅳ.①F170.92-49

中国版本图书馆 CIP 数据核字（2011）第 167237 号

责任编辑：王明东
封面设计：何亚虹
责任校对：林　华
责任印制：王　沛

中国科学技术出版社出版
北京市海淀区中关村南大街 16 号　邮政编码：100081
电话：010-62173865　传真：010-62179148
http://www.cspbooks.com.cn
科学普及出版社发行部发行
北京玥实印刷有限公司印刷

*

开本：787 毫米×960 毫米 1/16　印张：5　字数：80 千字
2011 年 9 月第 1 版　2011 年 9 月第 1 次印刷
印数：1—5000 册　定价：15.00 元
ISBN 978- 7-5046-5916-3/F・726

上篇

印第安文明的兴衰之谜

图片故事：美洲大秦帝国（1）大秦帝国的地理位置和贸易示意图

汉和帝永元九年（97 年），班超遣汉使甘英前往可能为中国人在美洲建立的大秦帝国。长虚线为甘英记载的“2 年航程的海上路线”，短虚线为“3 个月航程的海上路线”。

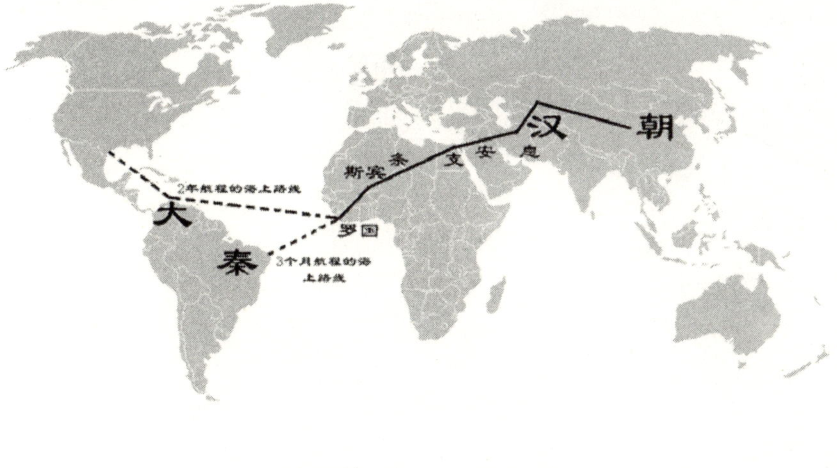

一、浅析印第安文明的兴与衰

（一）忘记历史，错失明天

印第安文明灿烂辉煌，围绕印第安文明和印第安人的说法却千奇百怪，莫衷一是。印第安人与中国人一样是黄种人，他们曾经拥有美洲富饶的土地。印第安人口曾经达到几百万，甚至几千万。

印第安人在跨国垄断金融资本掀起的殖民主义狂潮中，被殖民者屠杀殆尽。现在美洲仍有数量很少的印第安人，生活在白人社会的边缘，他们无可奈何地陷入了持续退化和自我退缩的怪圈。

图片故事：美洲大秦帝国（2）大秦帝国路线图的亚非部分（局部放大）

东北（右上），西南（左下）。此图参考了古籍中的汉朝与条支，即古埃及国的贸易路线图，详见《智慧与勇猛的金字塔：古埃及财经故事》。该图严格按照《后汉书·西域传》的记载绘制。

经过的地名依次为：安息（匈奴诸侯）、条支（古埃及国）、斯宾（非洲尼日尔河北岸古国）、罗国（约在今天的利比里亚、科特迪瓦附近的非洲古国）。罗国是汉朝到美洲的重要海港，从这里到美洲非常近，约2000千米。安息领土比西汉时期大了不少，已经控制了条支，并设置了官员。绘图的取点有待研究，但误差不会太大。

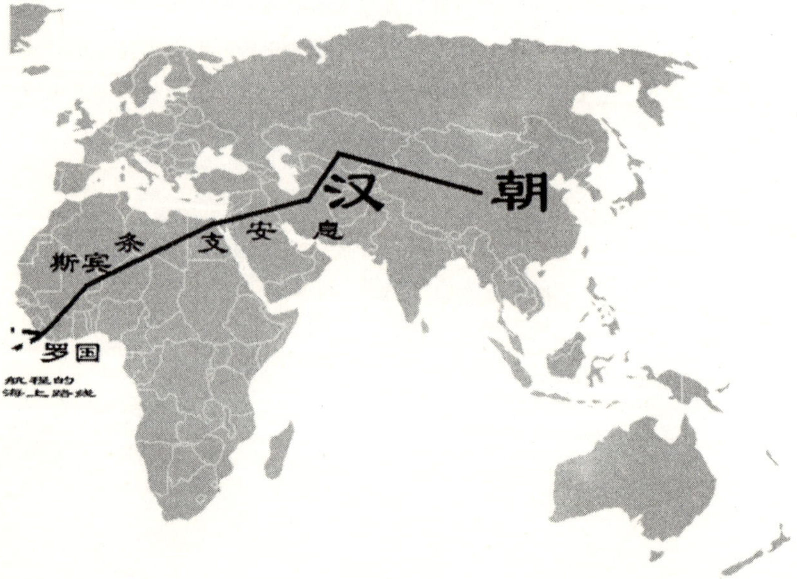

印第安文明没有小说描述的那样先进，也不是好莱坞电影描述的那样原始。直到欧洲的五月花号移民船来到北美时，印第安人在农业科技等领域，依然保持着相对于外来者的领先地位。

印第安人民没有认识到他们将面临的不是友谊，而是殖民主义者的罪恶和疯狂。印第安人民不仅提供农艺师和农业工具给来到美洲大陆的殖民者，还在这些“客人”陷入饥寒交迫、堪堪毙命的绝境时，提供了美酒和火鸡，这就是感恩节的由来。

图片故事：美洲大秦帝国（3）大秦帝国路线图的美洲部分（局部放大）

《后汉书·西域传》记载的海上路线有两种。2年航程的终点和补给港为推测。

感恩节的感恩对象是印第安人。感恩者，即殖民者的报答方式很残酷，他们杀光了恩人全家。不了解这些，就不了解欧美社会的文化和社会达尔文论的残酷本质和历史内涵。忘记历史，必然错失明天。

（二）南郭先生的三点启示

印第安人民伸出了温暖的援手，让这些冻僵的殖民者成功地度过了严冬和饥荒。这些殖民者放下印第安人的酒杯后，立刻开始了史无前例的种族灭绝。黄种人本来在世界各地均有分布。今天，北美和大洋洲的黄种人已经所剩无几。印第安人民的善良值得称道，但他们的不觉悟和南郭先生式的乐观，让璀璨的印第安文明之花迅速凋谢。

图片故事：美洲大秦帝国（4）大秦帝国的版图（局部放大）

《后汉书·西域传》记载了美洲大秦帝国的版图，“地方数千里，有四百余城。小国役属者数十”。美洲大秦帝国的版图纵横几千里，但不超过 5000 千米。图中大秦帝国的版图，纵横 4000 千米左右。先秦时期，中国山东地区有 70 余座城池，以此为估算基数，大秦帝国的几十个附属国的版图大小仅为推测，但应该包括了美洲大部。

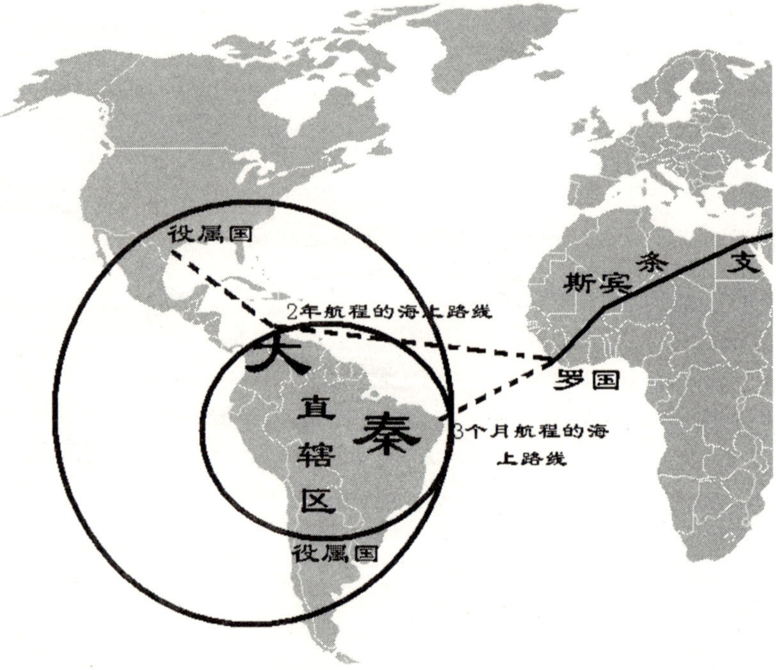

印第安文明的悲剧，在岁月的研磨下变成粉末，落入尘封的历史角落。印第安文明和印第安人种泡沫化的过程令人深思，催人泪下，却也是一部无价的教科书。印第安文明的悲剧告诉后人三件事。

第一，卖国求荣、割地求安、协敌自重、割肉饲虎（注 1）的做法，只能换来廉价的握手和短暂的露水之欢。天下没有不散的宴席，出卖战略利益换取今天的战术利益必将失去明天的战术利益，并丧失明天的战略主动权。出卖民族利益换取个人利益，必将在民族利益损失殆尽之后，彻底丧失个人利益的全部保障和内容。这是一条铁的法则：**代理人法则**。

图片故事：何谓“印第安”（1）迷路的犹太银行家

犹太银行家哥伦布（1451～1506）的背景很复杂，详见《金融刺客》系列的有关内容（注 2）。不是哥伦布发现了美洲，而是美洲人民发现了迷路的哥伦布。哥伦布本想探索去印度的新航线，1492 年，其舰队受洋流和季风影响在海上迷路，漂到了中美洲的巴哈马群岛，他宣称到达了西印度。图为伦敦的哥伦布塑像。

第二，主观臆想不能替代战略博弈。领土、资源、生存、主导权等，属于绝对的、无条件的零和争夺，非胜即败、非生即死、非此即彼。物理法则拥有绝对的发言权，华丽的辞藻不是杀人的刀剑，就是掩耳盗铃的黑手。**绝对量不存在双赢、制高点不存在双赢、零和资源不存在双赢。**

绝对量的争夺，具有绝对的零和性质。相对量的争夺，蕴含着双赢的机会。零和的本质是物理量客观存在的唯一性。领土的主人，只能有一个。双赢的本质是对潜在损害的妥协性规避，不是利益最大化的产物。绝对量的争夺，只能且必须是利益最大化（或全部损失）。

图片故事：何谓“印第安”（2）西班牙语“indios”与汉译的“印第安”

哥伦布把美洲命名为西印度，美洲人民莫名其妙地成了西印度人，真正的印度被称为东印度，这就是西方殖民体系中的东印度和西印度。这是很糊涂的定义，也影响了欧洲对世界地理的正确认识。西班牙语“indios”是印度（人）的意思，中国早期的翻译界为了避免误解，就意译为“印第安人”。图为哥伦布时代的一些航海路线，哥伦布想走迪亚士开辟的好望角航道却迷了路。

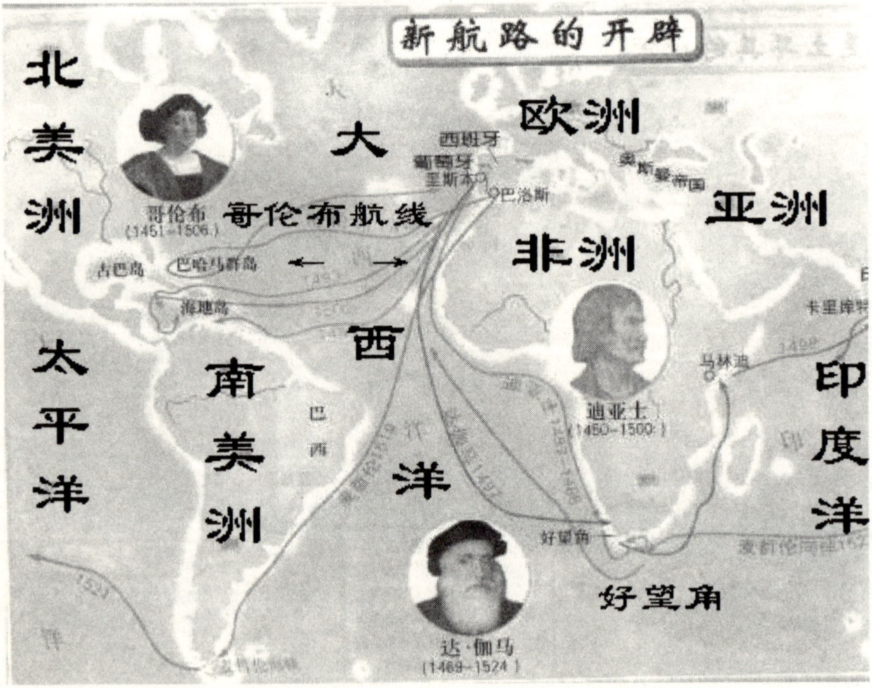

这就是金融战役学广义决策论中的绝对量法则。

第三，和平与战争都属于相对概念，而不是绝对概念。战争有正义和非正义之分，不能片面界定战争性质的善恶。否定正义战争的存在，就掩盖了非正义战争的非正义性、战争原动力属性和存在本身。

和平必须是正义的和平，非正义的和平就是非正义的战争发动者所要达成的利益最大化的最优结局。这种刚性摆动（非正义战争）造成的物理量的不稳定和扭曲，必将通过打破这种非正义和平的正义战争来释放。

图片故事：何谓“印第安”（3）北美人民和北美的民族国家不需要发现

后人必须明确一点：哥伦布不过是迷路到了他人的家园，印第安的概念是西方殖民者强加在北美人民头上的“土著概念”。在文艺复兴倡导的公民社会，即法西斯社会中，土著是非公民的一种，这是殖民者屠杀印第安人的法理依据。

图为现在人们接受和广为流传的“印第安土著”的标准形象，1908 年拍摄。

物质世界被扭曲，而出现的不稳定的程度越大、时间越久，发动非正义战争的一方，即非正义和平的主导者、受益者，所获得的战略利益和战术利益越大；积累的刚性反弹，必然的物理回归，所造成的影响就越大。

相对概念不能与绝对概念相比较。绝对概念的争夺必然凌驾于相对概念之上。这个过程具有严肃的物理性，不随主观愿望而转移或消失。决策评估时，不能在绝对概念和相对概念的鸿沟之间，搭建看似诱人的主观桥梁。

图片故事：何谓“印第安”（4）印第安形象的异化

发展中国家与今天的美国交往时，不应该忘记美洲大地的真正主人和他们消逝的原因。图为罗氏资助的《北日耳曼家书（1876）》中印第安土著族群的全家福（注3）。这里一共有33种美洲印第安国家的民族服饰，印第安文明包括很多分支。

由此可见，截止到1876年，印第安人的形象，还不是一些“清一色的满头插满羽毛羽毛、全身赤裸”的原始人形象。图中只有6个印第安族群分支的人物肖像，在帽子上有或多或少的羽毛装饰。

这座桥梁会给博弈对手带来深刻的利益，给己方带来不可避免的战略损失和自我欺骗，却不一定立刻遭受战术损失。因此在短时间内，这种做法会得到来自敌我双方的拥趸。这是代理人政客能够卖国谋身、内外叫好的物理基础。

这种拥趸对于己方是战略的失误和内部政治协调性的必须，对于敌方是释放战术利益的诱饵，是鼓励并扩大对手决策谬误的战略机遇。

这就是金融战役学广义决策论中的相对概念和绝对概念。

图片故事：何谓“印第安”（5）以旅游为目的的伪土著文化

图为2005年巴西旅游点的印第安人的照片。这是目前人们心中的印第安人的形象：文化落后、服饰原始、肤色黝黑。19世纪印第安的人文概念，还不是这样。图中左起第四个人的右手无名指，有一小段颜色很浅，化妆前戴过戒指。这些戴金丝边眼镜，戴戒指的“印第安人”把脸和身体涂黑了（对比脖子和腹部的颜色）。

这是以旅游为目的伪土著文化，这种现象世界各地均出现过。

（三）民族意志的丧失

简而言之：印第安文明在生死关头，作出了错误的战略判断和选择。

前期，印第安文明面对殖民主义的入侵：以割肉为外交、用善意搏生死、视主观为博弈、拿外政为内政、以领土换握手、损国运结虚名、付真金买虚礼、兴家族累民族、掩失误为战略、把苟安当和平、以绥靖为策略。这样无疑会导致处处受制于人，印第安文明的走势江河日下。

后期，印第安文明发觉了殖民主义的种族灭绝构想后：以盲动为反击、以落后为依托、以短视为现实、以远见为幻想、以自己为敌人、以主观为客观。这样的结果就是灭亡成为必然。在印第安文明的衰落和灭亡的过程中，殖民主义的兴起是外因，印第安文明的民族意志的丧失是根本。

图片故事：印第安文明与中华文明：孤单的笔筒——印第安手工业之谜

图为墨西哥印第安人生产的传统工艺品笔筒。15 世纪的时候，西班牙殖民者曾大量购买印第安人制造的漆器。漆器是中国古代的发明，先秦时期就有了。印第安人生产笔筒却不用笔筒，笔筒和毛笔本是一对文化实用层面的孪生兄弟，中国笔筒文化太悠久了。印第安人生产笔筒的原因是个谜。

（四）“敌人不一定是不道德的”

印第安人一直有一种敌人“不一定是不道德的”主观预想。印第安文明没有认识到殖民主义需要的是领土和资源，不需要领土上的老主人，哪怕是恩人也不行。印第安文明在抗争的过程中，多次与殖民者达成绥靖和妥协为内容的“友好协议”，一次又一次被欺骗，直到国破家亡。

“敌人不一定是不道德的”期许背后，是“敌人可能是道德的”战略判断。这个判断是用主观的人文关怀，替代了残酷的战略博弈和客观认知。印第安文明的结局也就可想而知了。

古代文明的结局大多是被融合。一度强大、辉煌的印第安文明，罕见地灭亡了。从旅游和猎奇的角度来说，印度安文明似乎还存在，但作为一个民族和文明，现在的“印第安文化”，不过是古代印第安文明的几滴干涸的眼泪。

图片故事：印第安图腾柱与中国华表（1）北美的印第安图腾柱

图为加拿大不列颠哥伦比亚省印第安人酋长蒙哥·马丁，于1953年在维多利亚地区建造的印第安图腾柱。“图腾”这个词汇是殖民者对印第安华表的音译，后传到了中国。西方殖民者赋予的含义为祭祀和祖先崇拜，这是西班牙殖民者的猜测。印第安人自己也不太清楚这些华表的本意，一般看成是权力和传统的象征。

二、从长安到大西洋的伟大旅程

（一）华夷之争

西汉（前202～9）与条支（古埃及）的关系很微妙。西周（前1046～前771）很强大。班固（32～92）在《汉书·卷96·西域传上·安息》这样描述安息的起点：“自周衰，戎狄错居泾渭之北”。

这个时候，安息是匈奴王都尉管理下的匈奴诸侯国。“匈奴西边日逐王置僮仆都尉，使领西域”（同上）。随着西汉刘氏政权对匈奴诸侯的统一战争不断取得胜利，安息就转而接受汉武帝的辖制。汉武帝与安息王达成了一个政治条件：安息是诸侯国，不划入郡县制。

图片故事：印第安图腾柱与中国华表（2）图腾柱与华表

图为北京天安门内的华表。华表也称表木，黄帝王朝就有了。华表是权力的象征，臣民可以在上面贴条陈表达意见（注4）。这种作用在很大程度上是一种政治标榜。

西汉采取了郡县制与分封制并行的制度。西汉的很多官员都有封地，这与宋朝以后的情况有所不同。“王去长安万二千二百里。不属都护。武帝始遣使至安息，王令将将二万骑迎于东界”（同上）。

安息王派出两万骑兵亲自跑到边境，迎接汉武帝的天使官，这个礼节超越了诸侯对天使官的礼节，相当于迎接天子了。

图片故事：印第安织布机与中国传统织布机（1）印第安织布机

图为是1879年，约翰·K·海勒拍摄的北美印第安人的传统织布机。

安息王的做法，说明了安息与中央政府的关系，也深刻地反映了安息王内心的矛盾与不安。他想讨好汉武帝，又想借机向汉武帝的使节表明自己的实力。西汉诸侯都不愿意实施郡县制，因为诸侯可以世袭，郡县不能世袭，还有退休、病休和罢官的问题。

西汉著名的历史学家司马迁（约前145～约前87）在《史记·第110卷·列传第50·匈奴列传》开篇的第一句话说：“匈奴，其先祖夏后氏之苗裔也，曰淳维。唐虞以上有山戎、猃狁、荤粥，居于北蛮，随畜牧而转移。其畜之所多则马、牛、羊，其奇畜则橐駞、驴、驘、駃騠、騊駼、驒騱。逐水草迁徙，毋城郭常处耕田之业，然亦各有分地”。

图片故事：印第安织布机与中国传统织布机（2）中国传统的织布机

图为中国传统手工艺保留使用的织布机。中国先秦时期，手工业已经很发达了，这些织机的细枝末节之处，粗看无法洞察其奥秘。《后汉书·西域传》记载大秦出产“杂色绫”、“火浣市”、“细布”。“杂色绫”属于绫罗绸缎，“火浣市”属于毛料，“细布”就是普通的棉布。印第安的传统织机与中国颇有渊源。

司马迁的这句话是说：匈奴是中华皇族的后裔，是中华民族的核心。这里的“苗”，不是指现在的苗族，而是血脉、根苗的意思。早期古籍中的苗族、山苗族，只是根基和渊源的家族，不是指苗族。

司马迁生活在汉武帝刘彻（前156～前87）时期。刘氏政权最大的敌人是匈奴诸侯；最大的目标就是打败匈奴，再次统一中国。问题是，匈奴诸侯也是这样看的。后来，很多匈奴诸侯自认刘姓，很多唐朝突厥诸侯，自认李姓，都是争霸中原，一统华夷的政治手段。

图片故事：殖民者对印第安人家园的命名（1）亚美利加洲

图为17世纪，犹太银行家、共济会成员老哲多卡斯·汗度斯（1563～1612）绘制的《亚美利加洲航海图》，美洲全貌还没有准确地展现在殖民者的地图上。那时，美洲开始被称为亚美利加洲。这个称谓延续了很久，现在美洲的叫法是亚美利加洲的简称。这是跨国垄断金融资本的传统骗局之一——命名。

很有趣的是，匈奴诸侯和刘氏政权相互把对方贬低为“夷”，自认“华”。东汉动荡，三国统一于晋。晋朝建立仅十余年就天下大乱，很快就进入了诸侯争霸的南北朝时期。在南北朝时期的史料中，北朝的政权称晋朝延续下来的南朝为“岛夷”。

《北史·第100卷·列传88·序传》老老实实，颇具喜剧色彩地记载了这种舆论战层面的华夷正统之争：大师少有著述之志，常以宋、齐、梁、陈、魏、齐、周、隋南北分隔，南书谓北为“索虏”，北书指南为“岛夷”。这里被称为“夷”的南朝宋是晋朝的延续。

图片故事：殖民者对印第安人家园的命名（2）命名与社会动物学

社会仿生学属于金融战役学社会控制论中的一系列金融策略和认知的总和，这里简要介绍一下。发展中国家普遍缺乏对欧美文化的理解，欧美文化受共济会社会达尔文论的影响，其决策和认知领域充满了兽性和动物视角，这是负面现象，却不是故意的负面评价。欧美政治领域对此研究很深，发展中国家的人民缺乏理解和准备。

在现实中，人们无意间会在座位上放上小物品，用于标志地盘（注 5）。图为美国人丹尼斯·霍普，他在出售宇宙的资源与土地。人们不理解这种现象背后的法理实质和新殖民主义思潮的宇宙私有化概念（注 6），这是精心设计的金融战骗局。

（二）汉朝与条支

1. 史书与神学

要了解古代中国与美洲的关系，首先需要了解古代中国的版图和影响力。一方面，人们必须严格考证中国古代的官方档案和文献，做到言之有据，清晰准确。

另一方面，人们必须明白一个问题：西方有关古罗马、古希腊、古埃及、古波斯、巴比伦的说法，尤其是史前的说法、涉及阿拉伯帝国建立之前的中东地区的说法、与《圣经》契合的说法，均不可信。

图片故事：殖民者对印第安人家园的命名（3）社会仿生学

社会达尔文论深刻地塑造了欧美的社会学理论。欧美学者严谨地细化着每一个动物社会的特征，并实践于人类社会。一些看似可笑的行为：买卖行星、命名第三世界国家的土地等，都与狗撒尿标志地盘、人用小物品占座位一样，属于社会仿生学的反应。一些是动物，一些是人。这与本书无关，点到为止。

图为图书馆女学生用毛线手套在图书馆占“地盘”的照片，其作用可以等同于“国境线”，侵犯者可能要冒发生冲突的危险。这看似可笑，却有着深刻的社会仿生学基础，不了解社会仿生学，就无法理解欧美社会的政治决策制度。

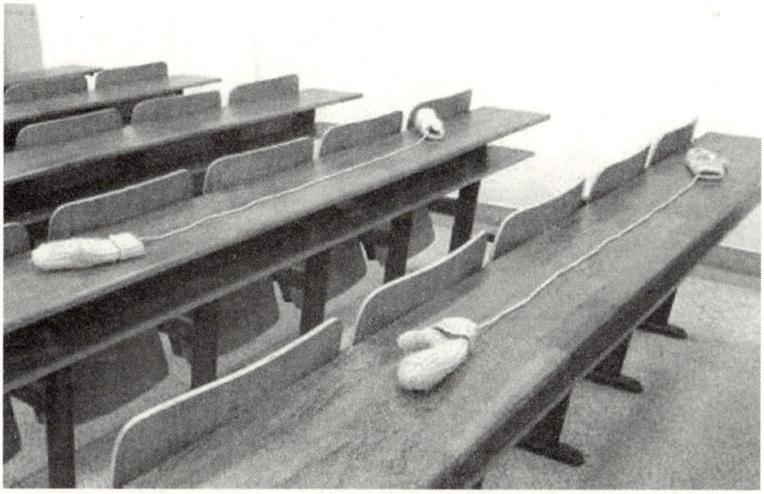

古代中国的版图涵盖中东地区，并且有详细的官方纪录。欧洲 4 世纪之前全部的古代历史和 4 世纪之后到文艺复兴之前的大部分历史，均出自文艺复兴时期的羊皮书。

文艺复兴以后，至 20 世纪中叶亚述学建立为止的考古热，编造了一个荒谬的宗教史。人们熟知的埃及艳后、亚里士多德、古希腊帝国、古罗马帝国的史前部分，全是伪造的历史。文艺复兴伪造的古代史，把中国的领土、古埃及的领土，全部臆想为《圣经》中所说的“史前帝国”的领土。

文艺复兴羊皮书中的各个史前帝国的版图位置，全部大同小异、相互交织、统一存在、验证《圣经》。很多人并不了解这些。这些都是违背常理的笑话，都是宗教历史化的神学产物。

图片故事：殖民者对印第安人家园的命名（4）共济会成员老哲多卡斯·汗度斯

共济会银团特别重视地图上的命名权，他们通过一些所谓的“国际组织”，诱使各国接受跨国垄断金融资本控制的行星命名权和看似可笑的行星所有权买卖，这将埋下未来宇宙时代太空殖民主义的法理祸根。这不是真正的进步，而是社会仿生学的产物，是资本怪物制造的兽化和倒退。

共济会成员老哲多卡斯·汗度斯（图）为共济会命名世界，“免费”制造地图。1584年，他因为信仰魔鬼和共济会情报员身份的暴露，从荷兰根特逃到英国伦敦。此后几百年间，很多地图都用他的署名伪托。随着时间的推移，他的作品越来越“先进”。

文艺复兴时期的羊皮书运动，大规模伪造的“上古史书”数以十万计，陆续伪造耗时几百年。伪造的内容越来越脱离历史，古埃及国的独立存在、古代中国的西部版图、前阿拉伯帝国时期的阿拉伯文明都不存在了。

整个古代历史被解释为一个以犹太巴比伦国为中心的领土大抵一致的古罗马、古波斯、古希腊、亚述帝国。横跨欧亚非的古希腊帝国根本就不存在，罗马帝国4世纪以后才有考。

金融僭主罗氏出资推动的亚述学的文物考古体系是现代地缘政治的产物，根本就与古代史和考古学无关。亚述学是否定阿拉伯文明的犹太复国学说，却成了这一系列史前神国的核心与关键。

图片故事：殖民者对印第安人家园的命名（5）亚美利哥·韦斯普奇

犹太银行家亚美利哥·韦斯普奇（1454～1512，图）的父亲是佛罗伦萨货币兑换行会的公证人、共济会石匠大师。佛罗伦萨共和国是第一代金融僭主美第奇家族的老巢，从来就没有证据表明亚美利哥·韦斯普奇是地理学家。

1507 年，德国光照会成员马丁·瓦尔德塞弥勒在《世界地理概论》中，举证了两封信件，署名为亚美利哥·韦斯普奇。这两封信件被命名为《新大陆》和《第四次航行》，美洲从此用亚美利哥·韦斯普奇来命名，后又改成亚美利加洲。

AMERIC VESPVCE.

2．古代欧洲与古代中国的力量对比

文艺复兴羊皮书所说的古波斯帝国，根本就不存在。波斯是中国的一方诸侯，欧洲波斯的说法来自中国。罗马帝国、希腊帝国不可能拥有中东的土地，更不可能占领埃及。

埃及一直是独立的国家，不仅地理位置得天独厚，军队也可以抵御强大的汉朝。直到 7 世纪阿拉伯帝国兴起，欧洲国家远征中东，攻击安息，攻击印度地区（即大夏），攻击古埃及国，都是脱离实力考据的臆想。

图片故事：狮子与共济会（1）共济会的狮子、“亚洲狮”、“欧洲狮”

共济会编造的欧洲伪史，大量记述了欧洲狮、亚洲狮，其实并不存在。20世纪初，罗氏特地在印度驯养了13只“亚洲狮”。图为尼德兰共济会1611年出版的“美洲狮”地图，图上方是光照者在指引殖民主义的方向。狮子的舌头很像蛇信子。蛇，即“大蛇”。共济会的狮子，不是指狮子，而是指路西法的化身之一——大蛇。

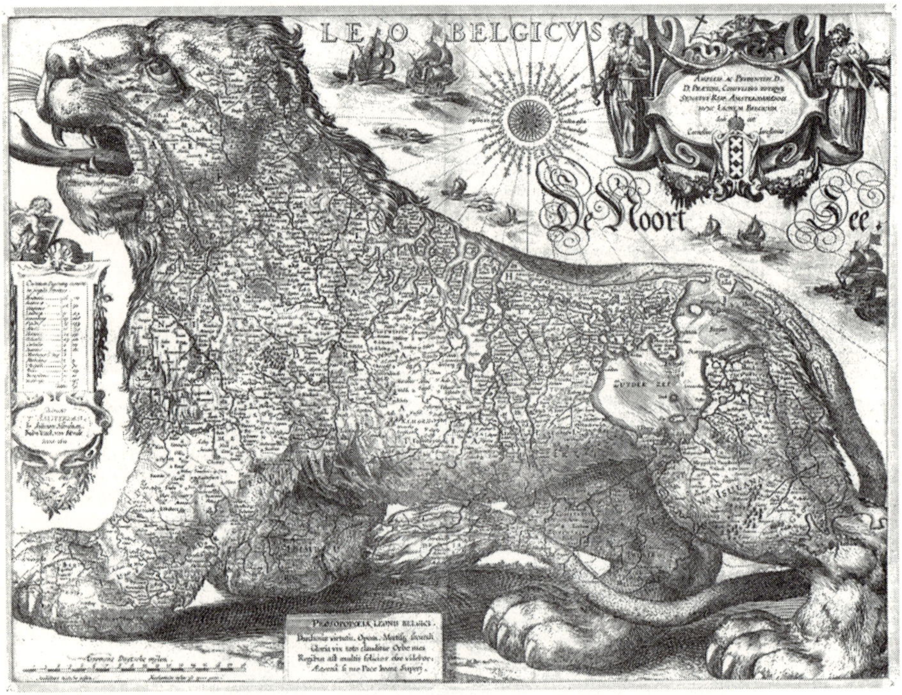

古代的欧洲国家不要说和汉朝作战，就是和被刘氏政权打败、逃到欧洲的匈奴残部作战都不堪匹敌。很少的匈奴残部进入欧洲后，就把罗马帝国打得四分五裂。史称：匈奴王——上帝之鞭。

唐朝打败了突厥，突厥残部进入欧洲，控制欧洲东部许多个年头，史称“土耳其奥斯曼帝国”。古代欧洲的军事实力，根本无力攻打强汉和盛唐。安史之乱之后，唐朝退出中东，阿拉伯帝国兴起。此后，欧洲的军事力量才有条件进入中东。即便欧洲各国联手，也是死伤累累，没能征服新兴的阿拉伯帝国。

文艺复兴编造的古代史，彻底背离了历史。自相矛盾，不值一驳。

图片故事：狮子与共济会（2）美洲狮并不是人文概念中的狮子

“亚洲狮”的说法有待考证。从生物学的角度，美洲的确有狮子，美洲狮却并不等于人文概念的狮子。图左是美洲狮，比非洲狮小许多，又称美洲金猫。图右是非洲狮，体形巨大。人文含义与生物含义不同，例如，鲸鱼在人文概念中是鱼；在生物学领域属于哺乳动物。这不是对错的问题，而是不同层面的概念。人文意义的狮子，仅存在于非洲。

3．汉朝的边界

（1）“封日逐王为归德侯”

安息是汉朝的西部领土。安息的西部边界就是汉朝的西部边界。

《汉书·卷96·西域传上·安息》明确记载：“匈奴西边日逐王置僮仆都尉，使领西域……汉兴至于孝武，事征四夷，广威德……然匈奴不自安矣。其后日逐王畔单于，将众来降，护鄯善以西使者郑吉迎之。既至汉，封日逐王为归德侯，吉为安远侯。是岁，神爵二年（前60）也”。

这段记载极为重要。汉初与刘氏政权争霸的匈奴日逐王，在匈奴内乱中失去了控制权，单于地位上升了。单于一般指西北部的匈奴，匈奴日逐王索性归顺了西汉中央政府。此前匈奴日逐王控制的西部安息等匈奴诸侯，已经在汉武帝时期归顺了汉朝，匈奴日逐王的归顺受封也就不奇怪了。这一年是汉宣帝神爵2年，即公元前60年。

图片故事：美洲大秦帝国衰落的人文因素（1）女王主政

桓帝延熹九年，大秦王安敦主政大秦国。此前，主政大秦国的君主，被称作西王母。《后汉书·卷88·西域传》有这样的记载："近西王母所居处，几于日所入也"。在古代世袭体制下，女子主政不利于政权的稳定和延续。女子妊娠时体力衰弱，不利于统治，野心家有可乘之机。古代的破伤风、肺炎等疾病，导致婴儿死亡率居高不下，如果继承人都病死，无人继承大位，内乱立起。

图为是柯蒂斯·爱德华（1868～1952）于1923年发表的印第安人生活照《小溪边的一天》。20世纪的时候，印第安人已经被定义为半裸的原始人了。欧洲殖民者到达北美时，印第安国家还派出农艺师给文明的殖民者上课呢。

图片故事：美洲大秦帝国衰落的人文因素（2）没落与吃老本

《后汉书 · 卷 88 · 西域传》对于美洲大秦帝国有这样的记载："听事五日而后遍。常使一人持囊随王车，人有言事者，即以书投囊中，王室官发省，理其枉直。各有官曹文书。置三十六将，皆会议国事。其王无有常人。皆简立贤者。国中灾异及风雨不时，辄废而更立，受放者甘黜不怨"，这是一个类似于周朝的国家。东汉末年，大秦帝国已经不能生产丝绸了，这说明生产力层面出现了大倒退。

图为 19 世纪《北日耳曼家书（1876）》中的印第安人，与古代中国的农民和骑兵差距不大，这种不大的差距固然有利于对比，但其蕴含的内容却是文明的没落与吃老本的抱残守缺。先秦时期的先进，放在 19 世纪那就是没落。这样的经济，这样的军队，这样的上层建筑，让印第安政权在面临如狼似虎的殖民者时，立刻就如羔羊一般。

（2）匈奴诸侯乌弋山离与安息的西部边境

按照文艺复兴羊皮书编造的欧洲古代史，那时控制着中东、埃及、中国西部的帝国是罗马帝国。这无疑是凿空说鬼，凭空捏造。这是宗教史——如果没有这段"历史"，就没有耶稣被罗马帝国处死的"历史"了。欧美学界必须编造和承认这段"历史"，不然欧美的社会凝聚力就消失了。

匈奴日逐王被封为归德侯后，独立性基本就不存在了。北部的匈奴单于也受到了沉重打击，"乃因使吉并护北道，故号曰都护。都护之起，自吉置矣。僮仆都尉由此罢，匈奴益弱"（同上）。西汉都护，替代了匈奴僮仆都尉，辖制西域。北部的单于匈奴接受了和亲，统一之战基本结束。此后，匈奴彻底融入了中华民族，汉匈就不分你我了。

图片故事：印第安金字塔（1）19 世纪“修复”的美洲金字塔与“太阳神”

从生产力和剩余劳动力口粮供给的角度分析，埃及金字塔的建造时间不会太早。甘英是中国有记录的第一个从北非走到中南非洲大西洋沿岸的高级官员，甘英没有提到埃及金字塔，却提到了美洲大秦帝国“以石为城郭”。埃及金字塔的建造，甚至可能在汉朝到元朝之间。图为墨西哥的提奥提华坎，这里有许多印第安遗迹。

在安息北部，还有一个比较大的匈奴诸侯国——乌弋山离国。“乌弋山离国，王去长安万二千二百里。不属都护。户口胜兵，**大国**也。东北至都护治所六十日行，东与罽宾、北与扑挑、西与犁靬、条支接。行可百余日，乃至条支”。请注意：《汉书》的“**大国**”是指大诸侯，条支领土更大，却必须叫“**外国**”。

（3）历史与神学

乌弋山离国不是欧洲国家，而是匈奴向东扩展的结果。《汉书·卷96·西域传上·安息》有这样的记载：安息国，王治番兜城，去长安万一千六百里。不属都护。北与康居、**东与乌弋山离、西与条支接**。土地风气，物类所有，民俗与乌弋、罽宾同。武帝始遣使至安息，王令将将二万骑迎于东界。东界去王都数千里，行比至，过数十城，人民相属。因发使随汉使者来观汉地，以大鸟卵及犁靬眩人献于汉，天子大说。安息东则大月氏。

图片故事：印第安金字塔（2）“太阳金字塔”与“太阳神”

图为现在人们所说的印第安太阳金字塔。19世纪，共济会开始把印第安与犹太人、巴比伦、光照者、古希腊等概念连在一起。过去，这里不叫“太阳金字塔”，也不叫金字塔，印第安人并没有崇拜光照者的传统。很遗憾的是，目前人们看到的建筑很多是1906年华尔街出资“重建的部分”。这里被欧美学者解释为“祭祀大女神”的地方，这是“宗教历史化”，其宗教含义请参看《山神的圣歌：古希腊、古罗马财经故事》。

这是东汉班固（32～92）的记载。西汉的时候，安息与埃及接壤，乌弋山离在安息东。这个记载与后来的不太一样。南北朝时期的《后汉书·西域传》有这样的记载：“安息国，居和椟城，去洛阳二万五千里。北与康居接，南与乌弋山离接”，这是指东汉。该变化与匈奴诸侯的游牧政权属性有关。

《汉书》也记载了乌弋山离“西与犁靬、条支接”，这有一个发展过程，并不矛盾。汉朝领土的扩张和匈奴诸侯向东扩展是一个统一的趋势。那时，不仅没有欧洲的入侵，反而是汉朝全面的开疆拓土时期。条支很强大，至少可以自保。

匈奴诸侯逐渐转向欧洲，这个过程是汉朝的匈奴诸部向欧洲拓展，而不是相反。所谓的希腊帝国、罗马帝国，即便存在，也无力进攻汉朝。文艺复兴羊皮书掀起的宗教历史化运动属于神学领域。

图片故事：印第安金字塔（3）印第安古代建筑的风格

图为印第安太阳金字塔“修复”前的老照片，这种印第安金字塔遗迹的流水沿的装饰，几乎与中国古代宫殿的建筑风格如出一辙。有关印第安神庙杀人祭奠大女神的说法，始于亚述学和巴比伦考古。

所谓的“印第安金字塔”，基本可以肯定是一个最普通不过的祭天台了。欧美考古学家既不理解这些，也不想去理解，他们就是想办法，把一切都往《圣经》和共济会神话上套。

（4）大月氏与贵霜帝国

汉朝的时候，安息的东边是大夏（大月氏，即印度的贵霜帝国），西边是条支（即古埃及）。有关大月氏和月氏王南征进入印度地区的前因后果，请参看《一头牛就是一座神殿：印度财经故事》，“贵霜帝国”的相关考证，这里就不重复了。

匈奴大月氏攻占印度的故事，随着匈奴向东、向北拓展传到欧洲。文艺复兴时期，被用来编造成了一个所谓的“古希腊帝国的亚历山大远征印度”，他们还把时间给往前推了一些。其实早了更不可能。

汉武帝时期是匈奴势力由盛转衰的大分水岭，此前的匈奴骑兵无人能敌。匈奴衰落后的残部尚能横扫欧洲，在匈奴强盛时期，臆想中的古希腊远征中国的说法就是天大的笑话。

图片故事：印第安金字塔（4）螭首

图为北京故宫太和殿下的雕塑，这个奇兽叫螭首。先秦时期，螭首等形象就被用于重要场所的装饰，比如宫殿、祭天台等地。一般认为螭首能辟邪，螭首是龙的儿子，能喝很多水，有些排水道用这个形象装饰出口。对这个龙的名字，有各种不同的说法。与本书无关，不多说了。

4．条支与汉朝的关系

（1）友好的主旋律

条支与古代中国的关系，主旋律是友好相处，互通有无。从时间上来看，阿拉伯帝国建立之后，埃及与中国的关系达到巅峰，成了盟友。西汉匈奴诸侯在刘氏政权的统一之战中臣服，匈奴诸侯就成了汉朝的边防军。安息臣服于中央政府，不能往东打，就开始往西打。

（2）妥协与附属

这种现象在匈奴诸侯国中普遍存在。印度的贵霜帝国就是中国的匈奴大夏，实际上进入印度的诸侯不是大夏而是月氏王。这里有个融合的过程，《汉书·卷96·西域传上·安息》有这样一段记载。

图片故事：印第安金字塔（5）印第安“太阳金字塔”的螭首

印第安“太阳金字塔”的装饰物虽然有花瓣的装饰，并且很粗糙，但还是很像螭首。也许仅仅是巧合，欧美学者没有理解此类建筑的人文内涵，这种装饰在中国很常见，欧洲学者不懂这个“小怪兽”，也说不出是个什么事物。

大月氏本行国也，随畜移徙，与匈奴同俗。控弦十余万，故强轻匈奴。本居敦煌、祁连间，至昌顿单于攻破月氏，而老上单于杀月氏，以其头为饮器，月氏乃远去，过大宛，西击大夏而臣之，都妫水北为王庭。其余小众不能去者，保南山羌，号小月氏。大夏本无大君长，城邑往往置小长，民弱畏战，故月氏徙来，皆臣畜之，共禀汉使者。有五翕侯。

在这种历史条件下，匈奴诸侯安息逐渐对古埃及形成了战略压迫。《汉书》有这样的记载：“条支。国临西海，暑湿，田稻。有大鸟，卵如瓮。人众甚多，往往有小君长，安息**役属之**，以为**外国**”。虽然说条支，即古埃及还是“**外国**”，但已经被安息“**役属之**”。

图片故事：印第安金字塔（6）外来赋予的人文含义

随着殖民者的到来，美洲的祭天台成了金字塔，印第安国家成了部落，农业和手工业都比较先进的美洲人民成了原始人。图中人物是美国好莱坞塑造的经典的印第安人形象。

美洲有很发达的手工纺织业，唯一的缺憾是没有经历工业革命的洗礼。美洲人民不是光着身子、插着羽毛四处投掷梭镖的土著，这种形象是对美洲人民的诬蔑。由于好莱坞是金融僭主家天下的私有制附属品，这种文艺洗脑具有持续性。目前，人们脑海中的印第安人的形象就是这样一个原始人的概念。

这段记载反映了汉朝处于开疆拓土的战略上升期，古埃及国依然是独立的国家，却被迫接受了附属国的地位。中华民族的主体，至今自称汉族并非偶然。汉朝时期，中华文明独步天下。

这种“役属”也让条支很不满意。南朝宋的学者范晔在《后汉书·卷88·列传78·西域传》就有这样的记载：“条支国城在山上，周回四十余里。临西海，海水曲环其南及东北，三面路绝，唯西北隅通陆道”。

图片故事：没有恩人的感恩节（1）感激的泪水与善良的人民

1620 年，共济会成员乘坐五月花号从英国到北美。他们陷入了饥饿和寒冷，印第安国王给他们派去了农艺师，送去了农具和种子。印第安的老国王迈斯色以给他们送去了火鸡、烤肉、美酒和柴火。殖民者对此感激涕零，他们与印第安人频频举杯。图为感恩节大菜——火鸡大餐。

这说明古埃及国面临着军事压力，有所准备。古埃及不是在山上，这里的“山上”是指一系列制高点，且绵延几十里的军事工事。

其位置就在今天苏伊士运河打通的那一小段“隅通陆道”，当时那里是极为重要的战略隘口。古埃及只要守住了这个隘口，汉朝骑兵的大兵团优势就无法施展。“西北”是指阿拉伯半岛的西北，那时是汉朝领土，“西北”表示来路和位置。对于条支来说，这里是东北。这是一回事。

图片故事：没有恩人的感恩节（2）必亡之国

第一次“感恩宴会”欢庆了3天。1661年，迈斯色以去世。1662年，他的大儿子瓦姆撒地被这些殖民者秘密诱捕，灌药杀害。1663年，瓦姆撒地的弟弟继位，史称“菲利浦王”。1675年，殖民者发动了灭绝战争，把这个印第安国家的男人全部杀死。

救命恩人迈斯色以的儿媳和孙子被卖到海外做奴隶，瓦姆撒地说过一句很著名的遗言：拼必死之命，殉必亡之国。图为印第安人提供给饥寒中的五月花号殖民者的第二道美食——南瓜馅饼。至今，在美国的感恩节上必须有火鸡大餐和南瓜馅饼。

5．条支的版图

那个时候，**“复马行六十余日至安息。后役属条支，为置大将，临领诸小城焉”**（同上）。也就是说，汉朝已经给条支派官员了。这是一个有利于条支的做法，这个**“大将”**仅具象征意义。但是，这也给汉朝贸易商队、政府官员提供了更加广阔的地缘政治视野和后勤条件。

“条支。国临西海”（注 7），这里的“西海”是指大西洋。当时没有苏伊士运河，也没有开辟非洲南部好望角的海路，中国的船只到了北非的埃及就不能继续航行了。

图片故事：没有恩人的感恩节（3）救敌送国之恩，赶尽杀绝为报

老国王迈斯色以对殖民者的恩情，属于救敌送国之恩。老国王迈斯色以是与殖民者达成默契的代理人，他们之间有过感恩节的蜜月期。老国王迈斯色以是殖民者手中压制美洲印第安人民爱国主义、民族主义抵抗外侮的政治工具。

当老国王迈斯色以的儿子瓦姆撒地开始呼唤民族主义，高举悲壮的反抗大旗时，对内，他们在印第安人民中没有号召力；对外，他们于殖民者的最大价值就是灭亡。这种口号看似动人，却是那样的苍白和可耻。老国王迈斯色以父子不是好好先生，不是和平，不是善良，他们是昏君之智，买办属性使然。

为了彻底消灭印第安人，英国国王书面命令，让殖民者带一些天花病人盖过的被子，送给印第安人（注8），让这些毫无免疫能力的印第安人消失掉。

图为欢乐的感恩节大游行，年复一年。其中，没有恩人的身影。

汉朝的时候，古埃及国的领土包括了北非的很多地区。古埃及的领土比现在埃及的领土大很多。很显然，这里面没有古希腊帝国、古波斯帝国、罗马帝国和巴比伦国的存在。

中篇 印第安文明的源头假说

图片故事：印加文化的故事（1）印加的说法来自欧洲

图中是所谓的印第安太阳金字塔，一共是 9 层。上面类似于美联储总部的无窗建筑是 1906 年罗思柴尔德家族出资“重建”的“上古神庙”。原来这里除了一个平顶，什么都没有。这种 9 层的祭天台在中国古代很普遍，上面没有建筑。

一、班彪、班固、班超、甘英

（一）班彪

《汉书》的作者是班固。他记录的有关中国安息在条支，即古埃及国设置大将的史实非常宝贵。他清楚这些事情是有原因的，班氏父子极为重要。《后汉书》的作者范晔（398～445），分别写下班彪列传和班超列传。除了帝王，父子几人均独立列传的情况并不多见。

图片故事：印加文化的故事（2）“太阳的子孙”

文艺复兴开始了一场延续至今的“宗教历史化”运动，这里的核心问题是“神创造世界”和“新世界秩序”。文艺复兴开始把世界各地的古代文化与“旧约”相印证，共济会的影响很大，持续地歪曲和伪造历史。印加的含义是指“太阳的子孙”，也就是光照者的子孙。图为欧洲学者界定的印加帝国的版图，这不是印第安人的说法。

班彪列传的内容极为丰富，里面包含了班固的很多事件。简而言之，班彪（3～54）是班固和班超的父亲，班彪也是《汉书》的作者之一。班固、班超、班昭（约 45～约 117）都不简单，班昭是班彪的女儿，班氏父子都是高级官员，班昭也很重要，与本书无关就不多说了。

（二）班固

班彪的两个儿子班固（32～92）和班超（32～102）都不是腐儒。班固、班超纵横西域，入能为相，出能为将。他们是汉朝在西域的擎天白玉柱，架海紫金梁。

图片故事：印加文化的故事（3）“古印第安人”被解释为巴比伦犹太人

美国共济会建立的“摩门教”，拿出一本“神仙给的摩门经”，进一步把印第安人解释为巴比伦犹太王的子孙。美洲文明和美洲国家都存在，但与共济会和《圣经》没有任何关系，美洲大秦帝国建立的时候，罗马国教还没有出现。

图为墨西哥地区的印第安特奥蒂瓦坎遗迹。

班氏兄弟是汉朝管理和征伐匈奴诸侯的高级军事将领。那时的军事将领身兼外交、行政、后勤、金融、情报等大权，很容易受到猜忌。班固最后就死于冤案（注 9）。

班固有关匈奴安息诸侯的记录是第一手材料，珍贵无比。这是南北朝学者范晔，特别看重班氏父子的原因。这说明范晔也不简单，没有这段历史，后人就没有办法知道中国“役属”古埃及国的大将和中国到美洲的具体路线。

（三）班超与“投笔从戎”（“弃笔从戎”）的成语

《后汉书·班超传》记载了班超“投笔从戎”的典故。

图片故事：印加文化的故事（4）印加的概念

印加和玛雅这两个词汇，并非美洲固有。西方殖民者在19世纪后，把北美地区的印第安文明，解释为玛雅帝国；把南美洲地区的印第安文明，解释为印加文明。这也不尽然，只是大致如此。在印第安遗迹中，都有一个能够兴云布雨的神像，殖民者看着像蛇，因为还能飞，就起名为“羽蛇神”。图为墨西哥的一处羽蛇神雕像。

永平五年（62），兄固被召诣校书郎，超与母随至洛阳。家贫，常为官佣书以供养。久劳苦，尝辍业投笔叹曰：“大丈夫无它志略，犹当效傅介子、张骞立功异域，以取封侯，安能久事笔研间乎”（注10）。班超的实际地位，相当于汉朝在西域至古埃及的“站着的皇帝”，班超实际能够号令匈奴诸侯。他孤身镇守，大智大勇。

匈奴诸侯对班超五体投地，这里面的内容很多，与本书无关，这里只说一个变化。西汉初年，汉朝尚给匈奴女子和财物。汉武帝时期，汉朝压服、招安了安息等匈奴诸侯。

图片故事：印加文化的故事（5）羽蛇神

羽蛇神是欧洲殖民主义学者的命名。美洲印第安人都崇拜这个神，太阳神庙不是祭拜女神，而是祭拜羽蛇神。对这个“蛇身、会飞，负责下雨”的奇特神仙，西班牙殖民者不认识，中国人却非常熟悉，这就是龙。农业社会特别推崇龙，没有风调雨顺，就没有丰收和繁荣。图中描绘的是羽蛇神从太阳神庙中飞出，背景中的建筑就是印第安太阳金字塔。这个所谓的金字塔是最普通不过的祭天台，或称祈雨坛。

匈奴诸侯心里并不服气，安息王亲率两万骑兵迎接汉武帝的天使官，就很微妙。班超的军事外交手段，纵横捭阖，匈奴诸侯已经是心服口服了。班超该软则极软，该硬则极硬，他给汉朝中央政府上奏折，里面有这样的一段汇报。深刻中肯，豪气盖世。

今西域诸国，**自日之所入**（指大西洋和美洲），莫不向化，大小欣欣，贡奉不绝，惟焉耆，龟兹独未服从。臣前与官属三十六人奉使绝域，备遭艰厄。自孤守疏勒，于今五载，胡夷情数，臣颇识之。问其城郭大小，**皆言“倚汉与依天等”**。以是效之，则葱领可通，葱领通则龟兹可伐。今宜拜龟兹侍子白霸为其国王，以步骑数百送之，与诸国连兵，岁月之间，龟兹可禽。**以夷狄攻夷狄**，计之善者也（注 11）。

图片故事：印加文化的故事（6）羽蛇神与欧洲的龙

美洲印第安文明的龙与中国的龙一样，但与欧洲的龙截然不同。图左是中国龙的年画剪纸，图右是欧洲龙的油画形象。中国龙的特征是蛇身、布雨，象征繁荣和生命；欧洲龙的特征是鳄鱼身、喷火，象征破坏和死亡。这是两种文明的产物，中国龙翻译为 Loong（目前为非标准英语单词）为好，翻译成 Dragon 并不准确。

印第安的“羽蛇神”类似于中国祈雨的吉祥物。农业社会遇旱涝，都会导致收成减少。暴力和死亡是殖民主义的经济图腾，中国龙是吉祥与和谐的化身。

班超等古人得知太阳落入西海（大西洋），故从条支西界到中国东海都是中国的领土，他们要渡海到“**日之所入**”的大秦帝国。

“**倚汉与依天等**”，可以看出这些匈奴诸侯的态度。

“**以夷狄攻夷狄**”是班超的基本策略，也是汉朝的国力使然。

（四）甘英

《后汉书》记载：“（按：从条支到安息）马行六十余日至安息。后役属条支，为置大将”（注 12）。班超时期，匈奴诸侯归降，班超要控制的是人事权力。很多匈奴诸侯，实际上由班超任免。安息在条支设置的大将并没有管理古埃及国的权力，类似于一个汉朝政府的代表。

这个官员的任免权，关乎汉朝的国家主权，也关乎实际权力。从记载来看，只有班超时期，汉朝想到并做到了这件事。班超死后，东汉一天不如一天，几十年之后，天下大乱。

图片故事：印加文化的故事（7）“印加”词汇来源

“印加”这个词汇源自近代。一般都说：西班牙殖民者发现了印第安印加帝国。印加的原文是“Inca”，这是克丘亚语的西班牙译法（注 13），是殖民者的误传。殖民者入侵美洲前，美洲没有一个名叫印加的印第安帝国，也没有现代的克丘亚语。

图为欧美学者界定的印第安月亮金字塔，它附近的庙宇被欧美学者称为“羽蛇神庙宇”。这些事物看似很神秘，其实类似于中国的龙王庙和天坛。图为墨西哥城附近的月亮金字塔，月亮金字塔是西班牙殖民者起的名字，过去就是一个祈雨坛，拜龙神的地方。

甘英到了大西洋沿岸，没有到美洲，却记载了相关的航线和航程。

二、从班勇的神奇看藩镇割据的前兆

（一）班氏父子

班勇是班超的儿子，出生于西域。“及孝和晏驾，西域背畔。安帝永初元年（107），频攻围都护任尚、段禧等，朝廷以其险远，难相应赴，诏罢都护。自此遂弃西域”（注 14），汉朝中央政府再次失去对西域的控制能力。

图片故事：印加文化的故事（8）中国结绳记事的古代文化

汉朝郑玄在《周易注》中记载："古者无文字，结绳为约。事大，大结其绳。事小，小结其绳"。唐朝李鼎祚在《周易集解》引《九家易》的内容说："古者无文字，其有约誓之事。事大，大其绳。事小，小其绳。结之多少，随物众寡。各执以相考，亦足以相治也"。到了宋朝，中国还有结绳计数的做法。宋朝造纸术成熟后，纸张的成本大幅下降，结绳逐渐变成了手工艺。图为各色的"中国结"。

延光二年（123），敦煌太守张珰上书陈三策……帝纳之，乃以班勇为西域长史，将驰刑士五百人，西屯柳中。勇遂破平车师。自建武至于延光，西域三绝三通。顺帝永建二年（127），勇复击降焉耆。于是龟兹、疏勒、于肱、莎车等十七国皆来服从，而乌孙、葱领以西遂绝。

六年（131），帝以伊吾旧膏腴之地，傍近西域，匈奴资之，以为抄暴，复令开设屯田，如永元时事，置伊吾司马一人……班固记诸国风土人俗，皆已详备《前书》。今撰建武以后其事异于先者，以为《西域传》，皆安帝末班勇所记云（同上）。

图片故事：印加文化的故事（9）印第安的奇普

美洲大秦帝国建立于先秦时期，可能继承了中国古代的结绳文化。大秦帝国中断了与中国的往来之后，逐渐退化，形成了印第安文明。但结绳的做法反而在退化中，得到了更加广泛和持久的应用，这就是印第安的奇普。现在成为手工艺品。

图为1888年印第安人用于计数的奇普照片。那时，还有结绳记事的现象。

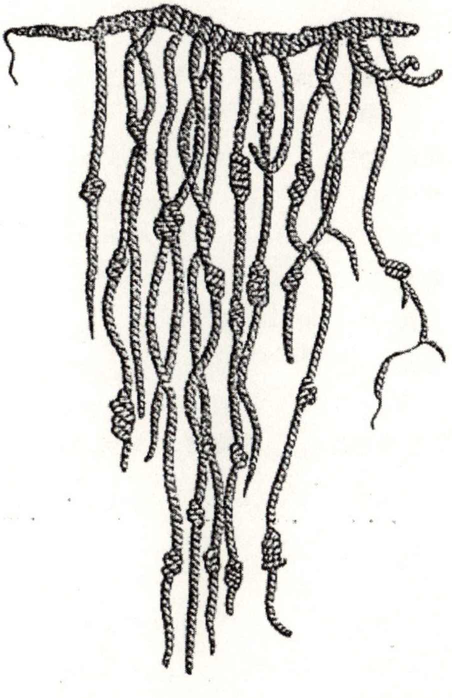

匈奴诸王少则有几千骑兵，多则十几万，甚至几十万人马。班勇是汉朝的西域长史，敦煌太守是他父亲培养的亲信。班勇一到西域，整个西域一下子就平定了。这说明，班氏父子在匈奴诸侯心中的地位。唐朝藩镇割据，始自汉朝遗留的分封文化。

“汉使”的地位之高，政治影响之大，今天无法想象。

（二）西域的位置

班勇是西域长史，屯兵柳中。很多人误以为**“西域”**指新疆，这是错误的说法。《后汉书》记载：“拘弥国，居宁弥城，去长史所居柳中四千九百里，去洛阳万二千八百里”（同上）。

图片故事：印加文化的故事（10）克丘亚文字与发音表格（图）

印加帝国的说法始自殖民者的记述，这些说法并不准确，仅具参考意义。《圣经》历史化运动并不是什么新鲜事物，共济会在北美建立摩门教后，印第安人被解释为犹太人，这就必须赋予印第安人一个统一的语言，欧美学者把美洲的一种方言与西班牙语混合成的语言称为“克丘亚语”，这被说成是古印第安的语言。

	唇音	齿龈音	硬颚音	软颚音	小舌音	声门音
塞音	p	t	ch	k	q	
擦音		s			x	h
边音		l	ll			
颤音		r				
鼻音	m	n	ñ			
半元音	w		y			

普通塞音	紧喉音	送气塞音
p	p'	ph
t	t'	th
ch	ch'	chh
k	k'	kh
q	q'	qh

柳中到洛阳大约4000千米，这已经是安息诸侯的辖地了。班超能够号令安息，任命甘英探测大西洋并非偶然。中国古代的领土很广。

文艺复兴羊皮书、19世纪的巴比伦热、20世纪的亚述学是一个宗教历史化的过程。一些学者信口胡说、惟洋惟利、人云亦云。一些“学术著作”持祖宗史而不见，编造臆想，奉“新旧约”为文献，全盘接受。

这种现象就是新殖民主义思潮，与华尔街推动的全球化（跨国化、资本无国界运动）、世界政府、世界货币（所谓的“SDR”、纸黄金、“特别提款权”）等，是一个完整的金融僭主世袭家天下的神学控制体系，而非历史学。这就是所谓的国际新秩序，或称世界新秩序。

图片故事：印加文化的故事（11）克丘亚语言

所谓的克丘亚文字，在西班牙殖民者来到美洲之前并不存在。克丘亚语的文字存在无考，其采用的印第安语言元素很多，文字符号又是欧洲的，这就很难考证。因此也就引出了一个学术问题：截至目前，欧美学者有关印加帝国历史的命名和记述，大部分出自想象、传说和文学。在没有史书、没有语言的情况下，统一的历史无法考证。

图为墨西哥的奥尔梅克巨石头像，这种头盔与先秦时期的士卒头盔很相像。

《后汉书·西域传》的内容主要是西域长史班勇存档的官方记录，这不能与文艺复兴羊皮书和“旧约”相提并论。西域长史是一个汉朝的官职，一直存在。“灵帝熹平四年（175），于窴王安国攻拘弥，大破之，杀其王，死者甚众。戊己校尉、**西域长史**各发兵辅立拘弥侍子定兴为王”（同上）。

班勇后来被闲置起来，也是很难避免的事情。

（三）汉史与诸侯

这里的“于窴”也是西域长史的辖地。汉朝衰落时，元嘉元年（151），长史赵评在于窴病痈死，评子迎丧，道经拘弥。拘弥王成国与于窴王建素有隙，乃语评子云：“于窴王令胡医持毒药著创中，故致死耳”（同上），这是谋反。东汉此时有点不行了。

图片故事：印加文化的故事（12）印加神话的编造者——弗朗西斯科·皮萨罗

印加帝国的说法均与此人有关。弗朗西斯科·皮萨罗（1475～1541，图）是双手沾满美洲人民鲜血的殖民暴徒，他的所作所为是金融资本和西方道德的真实写照。

皮萨罗的父亲贡萨洛·皮萨罗是西班牙军队的上校，母亲是犹太金融贵族，作为私生子的他，长大后加入共济会，开始了西班牙“探险家”的生涯。

于窴到洛阳是5850千米，这已经到地中海了。笔者在本书类似的地方均不考虑汉尺与唐尺的不同，西域上有先秦遗风，度量衡比较乱。

“于窴国，居西城，去洛阳万一千七百里”（同上）。古代，这里是中国的领土。《后汉书·班超传》记载班超的行政权限：“明年（按：建初9年），超发于窴诸国兵二万五千人，复击莎车……”（注15）。

图片故事：印加文化的故事（13）印第安国王阿塔瓦尔帕的善良

1531 年，弗朗西斯科 · 皮萨罗征集了 180 人，来到了今天南美洲，他把所到之地称为印加帝国。南美洲的丛林和山区补给困难，迷路的皮萨罗远征军陷入了极度的困境，印第安人很善良，甚至善良得有点可恨，竟然为入侵他们家园的皮萨罗远征军提供了肉食、酒和向导，皮萨罗用小礼物欺骗了印第安人。1532 年 11 月 16 日，皮萨罗假意提出要举行宴会，回报印第安国王阿塔瓦尔帕（1497～1533，图）。

班超能够役使匈奴诸侯的原因在于，于窴等是汉朝分封的诸侯国。“县官不如现管”，诸侯王的任用遴选，实际权力掌握在班超手中。汉朝依靠快马密奏，班超一言九鼎。诸侯不要说对汉朝皇帝，就是对汉使班超，都直称“父母”（注 16），这是感情问题，但主要是人事权的作用。

《后汉书》有明确地记载：（按：永元 3 年，91）以超为都护，徐幹为长史。拜白霸为龟兹王，遣司马姚光送之。**超与光共胁龟兹废其王**尤利多而立白霸。

图片故事：印加文化的故事（14）屠杀恩人与“印加大捷”

具体的情况有两种说法。第一种说法，1532 年 11 月 16 日，皮萨罗杀死了前来赴宴的印第安国王阿塔瓦尔帕的 12 个随从，并扣押了国王阿塔瓦尔帕，然后洗劫了印第安城镇，杀了近万人。第二种说法，1532 年 11 月 16 日，皮萨罗扣押了前来赴宴的印第安国王阿塔瓦尔帕，用 180 人打败了 5000 人的印第安军队，缴获了很多战利品。

图为欧美学者“考证”得出的史前印第安人的死者大道，位于墨西哥城外。

……六年秋（按：永元 6 年），超遂发龟兹、鄯善等八国兵合七万人，及吏士贾客千四百人讨焉耆。兵到尉犁界，而遣晓说焉耆、尉犁、危须曰：“都护来者，欲镇抚三国。即欲改过向善，宜遣大人来迎，当赏赐王侯已下，事毕即还。今赐王彩五百匹（同上）。

班超作为汉史与诸侯王对等，他派出的“都护来者”与诸侯的“大人”，根据汉朝礼制，这里“王侯”的地位是诸侯。他们是侯，而不是王，故称“王侯”。班超的实际地位比一般的侯爵要高。

图片故事：印加文化的故事（15）“上帝的爱是有血腥味”

犹太共济会成员皮萨罗有一句名言：“上帝的爱是有血腥味”（注 17），这里的上帝原文是“神”，共济会的神是指路西法。皮萨罗和他的手下杀光了印第安人的“军队”。印第安国王则许诺用金币装满囚室，用银币装满皮萨罗的两间仓房来换取性命。

当金币和银币装满了这些房间后，即 1533 年 7 月 26 日，印第安国王阿塔瓦尔帕却被杀死了。

有这样一个传说：面对印第安恩人的质问，皮萨罗亲手勒死了他，看着印第安国王逐渐失去光亮的双眼，皮萨罗说了一句话：上帝的爱是有血腥味。

图为印加地区最后一位印第安领导者图帕克·阿马鲁（？～1572）。1572 年，他在与西班牙殖民者的战斗中英勇就义。图帕克·阿马鲁的牺牲是光荣，印第安国王阿塔瓦尔帕的死是必然。

三、甘英与西海

（一）汉朝的巅峰时期——浩然四万里

1．鼎盛时期的汉使——甘英

《后汉书·西域传》的记载，震撼人心：“六年（永元 6 年），班超复击破焉耆，于是五十余国悉纳质内属。其条支、安息诸国至于海濒四万里外，皆重译贡献。九年（永元9年），班超遣掾甘英穷临西海而还。皆前世所不至，《山经》所未详，莫不备其风土，传其珍怪焉”（注18）。

图片故事：印加文化的故事（16）北美人民的反抗与西方媒体的宣传战

美国好莱坞电影中，印第安角色大多是不与西方殖民者“合作”的暴徒形象，这让人们忘记了印第安人曾对殖民者一贯的无原则的善良和帮助。

下页的列表为从印第安国王阿塔瓦尔帕被害死，到“印加帝国”灭亡期间的印加地区领导者的命运。印第安人不论是投降、妥协最后都被杀死，牺牲者是一种光荣。北美人民不是暴徒，而是他们没有选择。

印加地区的印第安领导者（1533～1572）	对欧洲殖民者的政治态度	结局
图帕克·瓦尔帕	积极合作	被殖民者皮萨罗毒死
曼科·卡帕克二世	消极合作	被殖民者公开绞死
保柳·印卡	积极合作	被殖民者毒死
塞里·图帕克	反抗	病逝
蒂图·库西	反抗	病逝
图帕克·阿马鲁	反抗	牺牲

下图是美国媒体展示的丑化印第安人的虚假形象——原始、暴力和愚昧（注19），还有人出钱四处展示。这是一个复杂的“行为艺术”的运作网络，幕后指挥者和出资人就是华尔街体系中情局，中情局有专门的指挥机构。

图片故事：印加文化的故事（17）传说中的印加帝国的国王列表

国王名称（印加帝国的界定，有待考证，这里按照西班牙殖民者的说法）	**大约在位时间**
曼科·卡帕克	约13世纪初在位
辛奇·罗卡	不详
略克·尤潘基	不详
迈塔·卡帕克	不详
卡帕克·尤潘基	约14世纪在位
印卡·罗卡	不详
亚瓦尔·瓦卡克	不详
维拉科查	约15世纪在位
帕查库特克	不详
图帕克·印卡·尤潘基	不详
瓦伊纳·卡帕克	不详
瓦斯卡尔	不详
阿塔瓦尔帕	1533年7月26日，他用金币装满囚室，用银币装满殖民者的仓房后，被他曾经救助的殖民者皮萨罗勒死。他交出了国库，也没保住性命。

这是汉朝的巅峰时期。这个时期从中国东海（太平洋）到西海（大西洋），浩然“**四万里**”都是中国的领土，即“内属”！印度洋那时叫中国海。从中国东海到非洲的大西洋沿岸，地图直线路程不到两万千米。那时没有飞机，不能走直线。汉朝军队走的不是直线距离，而是沿着都护、水源、商道前行。

2．前世所不至

“**前世所不至**”的原因在于：古埃及仅一度接受了汉朝的大将，但依然是隶属于安息诸侯的附属国。条支和安息还有本质的不同，安息是汉朝诸侯，条支一度为汉朝附属国。班超让甘英到大西洋的政治目的在于：这要经过条支，甘英就成了汉朝政府在古埃及国的最高长官。

即便此时，安息派驻了大将，甘英也足以将其架空。这里的大将是一个职务，不一定是将领。甘英是中国历史上唯一一个留下姓名和行政任命的中国政府派往古埃及国的高级官员。

甘英和班超名义上都是汉使。汉使是汉朝派出的行政特派员，匈奴诸侯称班超为父母。班超回朝之时，有的匈奴诸侯甚至大呼“**汉使弃我**”惊恐而死（注 20）。这些匈奴诸侯王实际上为汉使班超任免和扶植的亲信，离开了汉使的威望，他们无力把持局面。这就是金融战役学中的**扶弱策略**。

3．四万里的版图与班超的政治智慧

甘英是班超的特派员，地位比安息派驻条支的大将高得多。这样班超就把条支掌控在中央政府的手中。条支反而会很高兴，条支接受安息大将的统治，地位相当于今天省级自治区下属的一个地区级地方政权。

这在当时的政治地位低于诸侯国。条支更愿意接受甘英的辖制，而不是安息的辖制。这将使条支的行政地位等同于诸侯国，与安息平起平坐，这就是班超的**“以夷狄攻夷狄”**。班超的政治智慧极高，不费一兵一卒，就让条支高高兴兴地归顺了汉朝。安息诸侯不一定高兴，却也无奈。

下篇 印第安文明与中国

图片故事：美洲大秦帝国的相关概念：扶菻（1）扶菻的概念

有的欧美学者把扶菻、骊靬和大秦一起说成是罗马帝国。大秦帝国的路线很清楚：到条支后，往南走，他们编造说往北走。扶菻并非罗马。“发现于吐鲁番的一件粟特语地名录（T.ii.D.94），记载了 9～10 世纪粟特人在欧亚大陆的经商路线，这些地名自西向东分别是扶菻、苫国、波斯、安国、吐火罗、石国、粟特、拔汗那、 盘陀、佉沙、于阗、龟兹、焉耆、喀喇沙尔、高昌、萨毗、吐蕃、吐浑、弥药和薄骨律”（注 21）。

殖民者消灭了印第安人后，却在很多地方采用了印第安文化元素。图为 1939 年，美国制订的印第安黑白电视质量检查图。里面插着羽毛的印第安人形象，逐渐替代了美洲人民的真实形象。

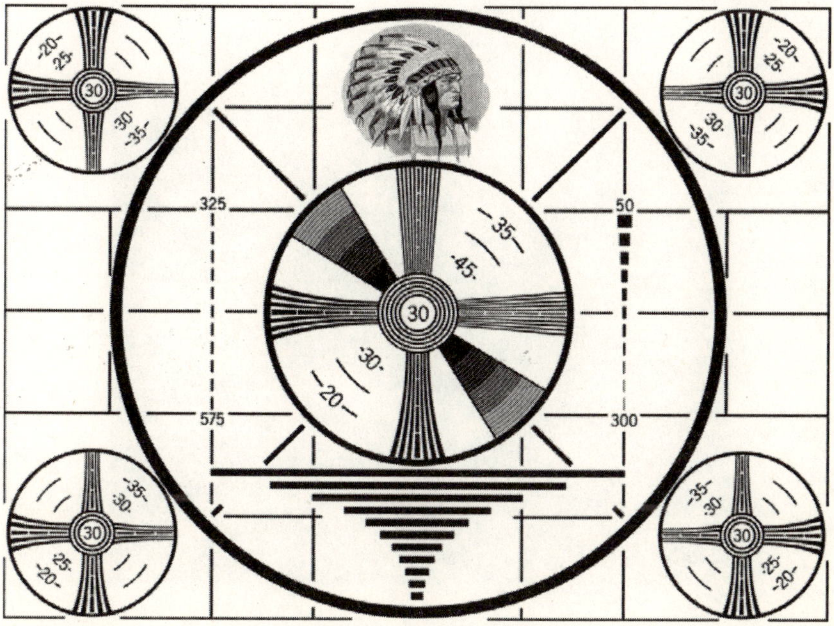

图片故事：美洲大秦帝国的相关概念：扶菻（2）扶菻的位置：扶菻不是罗马

这里不讨论上述文献的真伪，"9～10 世纪" 正值阿拉伯帝国比较强大的时期，阿拉伯帝国与唐朝的关系长期处于紧张状态，还爆发过战争。

唐朝的中国商队最多到过阿拉伯帝国内的不同部落国家，不大可能穿越阿拉伯帝国自由经商。阿拉伯帝国在这段时间垄断了东西方贸易的陆路通道。

宋朝时期，中埃贸易主要依靠海路。扶菻、苫国在波斯以西，应该是指阿拉伯帝国内的不同国家，而不是名义统一的罗马帝国。安息国的领土比波斯的概念大得多。

工业革命赋予了殖民者强大的武力，却无法解决其人文领域的历史空虚感。文艺复兴的羊皮书和 19 世纪开始的宗教历史化运动，都与这种被人们忽略的人文需求有关。被消灭的不一定是落后的文明，中国宋朝时比蒙古部落先进很多，军事上却失败了。

图为 1914 年拍摄的印第安农民的照片。

图片故事：美洲大秦帝国的相关概念：骊靬（1）骊靬与新殖民主义思潮

骊靬是我国陕甘地区的一个古地名。近年来，很多学者不假思索地把大秦、骊靬、扶森，胡乱解释为古罗马帝国。古罗马帝国比较可信的历史是公元4世纪以后的事了，文艺复兴羊皮书编造的古罗马史是迎合《圣经》的神学需要。骊靬被解释为罗马军队与汉朝战争的产物，起源于亚述学运动。图为1865年，画家绘制的印第安吸烟人手拿字母表的教师形象。20世纪印第安人的形象，大多是光着身子和脚。

一、甘英的美洲之旅——甘英使大秦

（一）甘英的失误

甘英在条支的活动，安息王并不满意。甘英想到美洲的时候，安息王很委婉地阻拦了一下。甘英这时犯了一个历史性的错误：他没有跨过大西洋，甘英可能想以后再去。东汉衰落，班超去世后，无人拓展国土了。

汉和帝永元9年，甘英开始了美洲之旅。《后汉书·西域传》详细记载了这场政治博弈：和帝永元九年（97），都护班超遣甘英**使大秦**，抵条支。临大海欲度，而**安息西界船人谓英曰**："海水广大，往来者逢善风三月乃得度，若遇迟风，亦有二岁者，故入海人皆赍三岁粮。海中善使人思土恋慕，数有死亡者"，英闻之乃止（注22）。

图片故事：美洲大秦帝国的相关概念：骊靬（2）骊靬与民族虚无主义

1947 年，美国犹太共济会成员德效廉自称汉学家，他一度为英国牛津大学教授。此人写过一篇文章《古代中国之骊靬城》，德效廉把中国陕甘地区的骊靬，解释为西汉罗马帝国战俘安置地的名称（注 23）。

这个谎言一方面“印证”了公元前中东到中国都控制在罗马帝国手中，《圣经》与羊皮书的说法；另一方面通过曲解，彻底否定了中国的历史和版图，黄河流域都成了“史前神国”的领土了。德效廉把骊靬的出处和时间都弄错了（注 24）。他的说法看似“甜蜜”，但却是明褒实贬，巧妙地捧杀诱使着中国学界跟着否定中国历史，推行民族虚无主义和历史虚无主义。

图为 1909 年，印第安酋长的艺术照片。这时，羽毛已经成了印第安概念的一部分。

汉朝的时候，从非洲到美洲的海路需要走 3 个月。如果迷路或风向不顺，就要走 2 年。为了安全，要准备 3 年的粮食。这也可能是两条不同距离去美洲的海上路线，可能是因为时间限制或畏惧风险，甘英没有去美洲。此后的史书没有记载甘英的官职和去世时间。这说明，他的顶头上司班超对他很不满意，甘英如果真的到了美洲，历史地位不会低于班超。

（二）大秦的位置

有很多人把大秦解释为罗马帝国，这是信口胡说。罗马帝国此时大抵尚未形成，“旧约”和文艺复兴羊皮书不可信。罗马帝国即便已经存在，也是位于安息之西北，而不是条支之西南。

图片故事：美洲大秦帝国的相关概念：骊靬（3）骊靬的出处

西汉历史有着详细的版图和人事记录，版图包括中东。骊靬与汉匈战役，没有任何关系。一场汉匈之战，被曲解为古罗马军团与西汉的对决，脱离了起码的历史逻辑和考古逻辑——这支古罗马军团是空降的吗？西域长史没有欧洲国家入侵安息的记载，事实正好相反，匈奴诸侯这时已经开始往欧洲和非洲拓展了。欧美学者罔顾事实，信口雌黄。非常可笑的是：这样一来，中国的部分领土都成了罗马帝国的领土，欧美人引用的《汉书》的作者班固一家，也就都不存在了。骊靬和罗马没有任何关系。

图为班超弃笔从戎，也称投笔从戎的卡通书封面。

《后汉书·卷88·西域传》对于大秦的位置有明确的记载：自安息**西行**三千四百里至阿蛮国。从阿蛮**西行**三千六百里至斯宾国。从斯宾**南**行渡河，又**西南**至于**罗国**九百六十里，安息西界极矣。**自此南乘海，乃通大秦**。请注意：这时的安息，已经在非洲设置大将了，故称“安息西界”。

甘英时期，安息把条支纳入了版图，设置了大将。安息与条支语言不同，必然有各自的称谓。安息往西就进入了非洲，一路西南之行的地名都是安息的命名。从罗国南端登船渡西海才到大秦，这里的陆地路线是一路往西南，不是向西北。

图片故事：美洲大秦帝国的相关概念：骊靬（4）郅支单于

班固在《汉书·卷70·傅常郑甘陈段·陈汤传》中的记载很清楚，这是匈奴单于与刘氏王朝的一次战斗。这次战斗是陈汤率军对郅支单于的奇袭。战斗起因、过程、结果、对话都很清楚，却被一些学者曲解为罗马军队与西汉的战斗（注25）。战斗的地点也不在中国的陕甘地区，而在“大夏以西”，可能是在今天的伊朗与阿富汗交界处。

古代约为大夏与安息交界，匈奴以游牧为生，辖地边界不是很严格。郅支单于的情况很被动，四处躲避。郅支单于不是罗马人，而是中国人。郅支单于是从东往西逃跑，方向不是从西往东，那时匈奴诸侯大多臣服于汉朝，郅支单于不服气。

图为1906年拍摄的北美印第安人的新闻照片。如果在旧中国的北方小镇中，这样一个装束的人在大街上走，中国人不会认为他是一个外国人。

关于大秦这个国号，本书提出一个假说。大秦这个国号的命名很汉化，汉朝前面的国家是秦朝，汉承秦制。甘英所处时期是东汉，秦朝曾经空前强大，人才济济。

秦朝的余部被消灭或驱逐，可能经过几百年的辗转，渡西海，通过大西洋到了美洲，他们建立的美洲国家叫大秦。

西域传中，大秦是一个很特殊的命名。中国历史上，多有前朝遗脉承袭前朝国号的现象。汉、唐、晋灭亡后，都曾经有过后人的国名传承。秦帝国非常强大，有些遗脉并不奇怪。

图片故事：美洲大秦到汉朝的海上贸易路线

西汉官员东方朔在《十洲记》中提到："去北岸九万里……时人号为火浣布，此是也"（火浣布是一种质地坚韧，比较耐高温的高档毛织品，可能为混纺）。美洲大秦帝国到中国的"北岸"有九万里，大秦帝国为了避免安息（一度控制了条支）的贸易垄断，走海路"与安息、天竺交市于海中，利有十倍！"这里的天竺是指汉朝大夏。

图中的双虚线为美洲大秦与汉朝的海上贸易路线，单虚线为汉朝到该海上交易地点（★）的海上路线，两者共计约"九万里"（汉尺短）。这条路线太过凶险漫长，东汉时期已经停止了。图中"★"处为《后汉书·卷88·西域传》记载的美洲大秦与汉朝的海上交易地点的大致海域，直到阿拉伯帝国兴起，这片海域依然叫中国海（注26）。

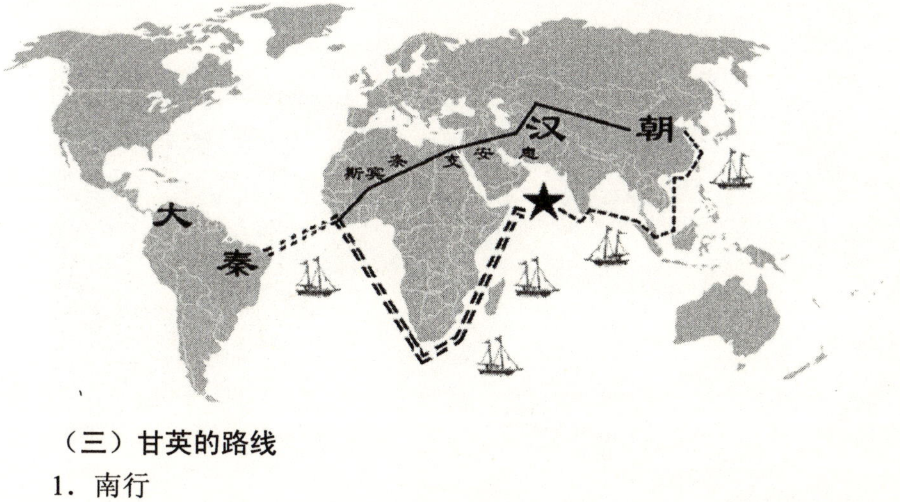

（三）甘英的路线

1．南行

《后汉书·卷88·西域传》详细记载了甘英经过安息到达条支以后，

前往美洲的陆路征程。这条条支南行之路很难走，有很长一段是沙漠地区。北非的大沙漠就是著名的撒哈拉大沙漠，这里的特点是风特别大。中国有很多荒漠地区，但比起撒哈拉大沙漠来说，有点小巫见大巫了。近两万千米的距离，即便没记载方向，往北到欧洲也没有这样大的沙漠。

“其后甘英乃**抵条支而历安息**，临西海以望大秦，**拒玉门、阳关者四万余里**，靡不周尽焉。若其境俗性智之优薄，产载物类之区品，川河领障之基源，气节凉暑之通隔，梯山栈谷、**绳行沙度之道**，身热首痛、**风灾鬼难之域**，莫不备写情形，审求根实”。

图片故事：甘英的非洲路线（1）第一个难关：北非的撒哈拉大沙漠

甘英先到安息，然后往南抵达条支。这条道路是常规路线，关键是此后的道路。甘英经历的第一个难关就是北非的撒哈拉大沙漠，这是世界上最大的沙漠，这个地区的风特别大。甘英把这里称为“梯山栈谷、绳行沙度之道，身热首痛、风灾鬼难之域”。就是说这里的风，已经是一种灾了！鬼走这种风沙通过的地方都很艰难，为了避免被风吹走，马队或骆驼队要用绳子拴在一起。每个人都身热脑袋疼！

图为今天利比亚南部的撒哈拉大沙漠景观，这里有山又有沙漠。今天的利比亚，在汉代也属于条支。撒哈拉大沙漠内有绿洲，甘英虽然可以汲水，但必然要有可靠的向导才能穿过沙漠。

西海的渡口有一个独特的地理特征："斯宾南行渡河，又西南至于罗国九百六十里……自此南乘海，乃通大秦"，从安息与条支相接的地方到渡河前的位置，累计约3500千米，这个距离正好到了非洲的尼日尔河。

2．尼日尔河

甘英渡过尼日尔河之后，继续往西南走了480千米就到了海港，那时可能是一个商业渡口。从这里坐船渡过大西洋，走大约100天即可到达大秦。甘英要到美洲必须渡过尼日尔河。甘英明确地往西南走，说明当时的海港已经存在很久了。汉尺约23厘米，今市尺约33厘米。不同时期的尺均有不同。为了便于阅读，**本书把汉尺等同于今日市尺，不予换算**。

图片故事：甘英的非洲路线（2）第二个难关：湍急的尼日尔河

图为尼日尔河中游，今马里（非洲内陆国）附近的照片。尼日尔河形成一个包围圈，中间是大西洋沿岸的港口，从这里到美洲的距离很近。尼日尔河的水量季节变化很大，雨季水面宽阔，旱季则形成了很多沼泽和季节性湖泊。这是甘英到大西洋沿岸的第二个难关。不过，只要有向导，按照贸易路线择时择地渡河，比穿越撒哈拉大沙漠要安全多了。

尼日尔河的起点是非洲的富塔贾隆高原东侧，距离大西洋仅240千米。它往北、往东、往南，又注入了大西洋。刘翔形成了一个奇怪的“冂”字形，这一小块地区特别重要。

如果单看中国出版的世界地图，这里的行程优势并不明显。中国出版的世界地图，非洲在地图的西部，美洲在地图的东部，似乎相距很远。

如果看以非洲的科特迪瓦、利比里亚、加纳、尼日利亚为中心的世界地图，人们会惊讶地发现：这里是非洲距离美洲最近的地区。从富塔贾隆高原的崇山峻岭，很难进入这片“冂”形地区，不如渡尼日尔河。

图片故事：甘英的非洲路线（3）太平洋边的尼日尔大三角地区与罗国（图）

这里所说的尼日尔大三角地区是尼日尔河起点到终点之间的一块，是距离美洲最近的非洲地区。尼日尔大三角地区不是指尼日尔河冲积平原，即尼日尔河三角洲。

一些欧美学者望文生义，甘英记录这里为“罗国”，他们就解释为“罗马帝国”。这些欧美学者既不看方向，也不算距离，把一切都向《圣经》里的“史前帝国”靠拢。《圣经》里的内容，在历史学和考古学领域，根本就不存在。神学不是历史。

渡过尼日尔河后，走400千米左右，恰恰就来到了非洲中部的突出部。

从这里的海港出发，向西南走几千千米，正好是美洲大西洋一侧的突出部，即今天的巴西。两者之间的距离是非洲到美洲最近的距离。

二、甘英时期的记载与美洲印第安文明

（一）美洲的大秦帝国与印第安文明

甘英本人没有亲自渡海去美洲，固然是美中不足。但甘英留下了详细的美洲大秦帝国，即古印第安文明的官方记录，功在千秋。这几千字的记载，包括了大量经济、金融、民俗、物产、政治、军事的内容。

图片故事：阿兹特克帝国（1）雾里看花的印第安历史

文艺复兴以后的欧洲近现代史比较清晰，美洲印第安的历史却一直在迷雾中。美洲璀璨的印第安文明被解释为部落，欧美的一些人别有用心地把一些印第安国家，曲解为“史前神国”。一些所谓的印第安史前文物并不可信，印加文明、玛雅文明都是殖民者的定义，真正的美洲文明史却消失了。除此之外，欧美学界还界定了一些同样并不清晰的印第安帝国。阿兹特克帝国就是一例，这些印第安人大约生活在今天的墨西哥。

图为欧美学者界定的阿兹特克人的太阳神祭祀仪式。没有古代史料表明印第安人崇拜过“太阳神”，太阳神崇拜的说法暗指路西法，与共济会对“旧约”的解释有关，印第安人崇拜“太阳神”的说法出自近代。

共济会在杀光印第安恩人之后，编造了《摩门经》，说北美印第安人是犹太王西底家一族（注 27）。在共济会编造的古埃及、古希腊、巴比伦的共同宗教源头里，都提出了太阳神崇拜。

截至目前，甘英的这些记载，为世界范围内有关印第安文明最早的、最可信的官方文字记载。这里节选一段，看一下印第安文明与中国的关系。从中隐约可以看出大秦与中国的渊源，印第安人也是黄种人。

《后汉书·卷88·西域传》记载：大秦国，一名犁鞬，以在海西，亦云海西国。地方数千里，有四百余城。小国役属者数十。以石为城郭。列置邮亭，皆垩塈之。有松柏诸木百草。人俗力田作，多种树蚕桑。皆髡头而衣文绣，乘辎軿白盖小车，出入击鼓，建旌旗幡帜。所居城邑，周圜百余里。城中有五宫，相去各十里。宫室皆以水精为柱，食器亦然。

图片故事：阿兹特克帝国（2）被杀光的恩人——阿兹特克人

1519年，犹太光照会资助的西班牙殖民武装在墨西哥湾登陆，他们不仅迷了路，而且给养消耗殆尽。阿兹特克帝国的国王蒙特苏马二世（1475～1520）误以为犹太金融贵族、共济会成员埃尔南·科尔蒂斯（1485～1547）是印第安传说中从西方渡海而来的龙（殖民者所说的"羽蛇神"）的子孙，就热情地招待了他们，慷慨赠予了大量的给养和黄金。

图中深色部分为阿兹特克帝国，浅色部分为其他陆地，白色为海洋。左下的小图为阿兹特克帝国在世界地图中大概的位置示意。

其王日游一宫，听事五日而后遍。常使一人持囊随王车，人有言事者，即以书投囊中，王室宫发省，理其枉直。各有官曹文书。置三十六将，皆会议国事。其王无有常人。皆简立贤者。国中灾异及风雨不时，辄废而更立，受放者甘黜不怨。**其人民皆长大平正，有类中国，故谓之大秦。**

这里的“**长大平正，有类中国**，是说这里的人与中国人同种同俗。这里的人有拿大白粉涂墙和东西的习惯，还喜爱敲鼓，垒石头堆。中国人总以为非洲和美洲很远，其实非洲与美洲很近。

大秦和汉朝的贸易联络逐渐中断了，大秦退化形成了印第安文明。客观而言，印第安文明的发展日趋停滞，没有发展成强势的文明。甘英的记载很重要，美洲的太阳金字塔看起来几乎就是中国古代的祭天台。先秦时代，中国特讲究垒台、铸鼎。中国历代封建王朝也乐此不疲。

图片故事：阿兹特克帝国（3）印第安买办集团的兴起

科尔蒂斯（图）拿天花病人和烈性传染病人穿过的衣服作为礼物，回报印第安人的资助。当地很快就瘟疫爆发，印第安人大批死去，此时科尔蒂斯的几百人缓过劲来，拿出火枪，开始奸淫烧杀，还趁乱砸死了蒙特苏马二世。印第安人在“生物战”的打击下，十室九空，让出了土地，共济会成功地取得了墨西哥的金银矿控制权。

（二）古代印第安的经济、金融、版图

1. 经济

《后汉书·卷88·西域传》记载：土多金银奇宝，有夜光璧、明月珠、骇鸡犀、珊瑚、琥珀、琉璃、琅玕、朱丹、青碧。刺金缕绣，织成金缕罽、杂色绫。甘英之时，美洲的大秦帝国可以生产各种丝绸。

大秦肯定不是欧洲、中东或非洲国家。大秦很可能是中国人建立的政权，起码该政权与中国有很深的渊源。丝绸是一个重要的商业秘密，欧洲、非洲一直没能掌握它。中国通过丝绸之路向欧洲、非洲、中东出口丝绸、瓷器、茶叶等，根据宋朝的记载，非洲、中东也不生产丝绸（注28）。

在古代，丝绸是中国人独有的技术。大秦国一度也能生产丝绸。

图片故事：阿兹特克帝国（4）天花病毒的威力与共济会的世界观

阿兹特克帝国的城市全部被焚毁，无数阿兹特克人被细菌害死或被活活杀死，人口所剩无几。阿兹特克帝国被彻底毁灭后，这里被称为“新西班牙”。可笑又可悲的是，殖民者用沾染天花病毒的衣物，招募印第安败类和买办，屠杀同胞。这场屠杀的第一阶段是联手买办围城屠杀反抗者，第二阶段是消灭买办集团，彻底灭族。

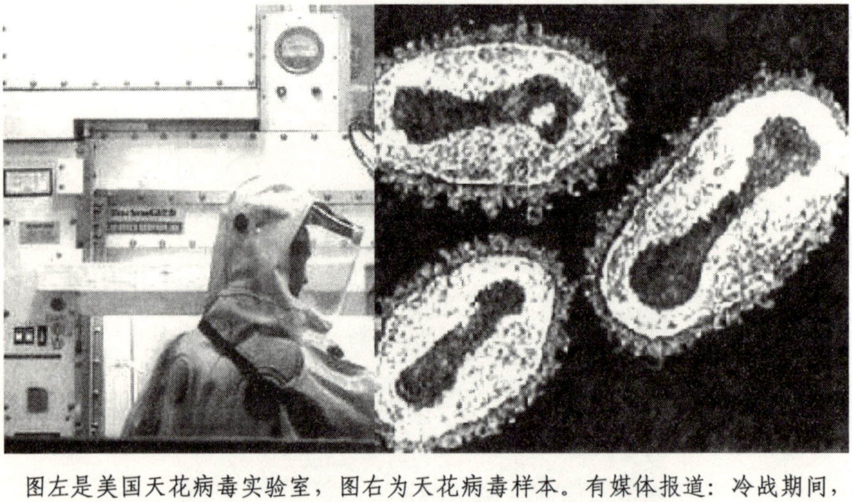

图左是美国天花病毒实验室，图右为天花病毒样本。有媒体报道：冷战期间，超级大国一直在研究天花病毒，欲将这种病毒作为杀手锏。为了保险起见，他们在研究攻击性的天花病毒时，也在竭力研究预防天花病毒的疫苗。由于高度保密，这种试验的内幕从未公开过，人们对试验的成功与否不得而知（注29）。

2. 大秦帝国的位置与更早的记载

作黄金涂、火浣布。又有细布，或言水羊毳，野蚕茧所作也。合会诸香，煎其汁以为苏合。凡外国诸珍异皆出焉。这段记载提到了“火浣布”，西汉官员东方朔在《十洲记》中提到：“炎洲在南海中，地方两千里，去北岸九万里……时人号为火浣布，此是也”。

中国古代，南海与昆仑一样均是一个泛指。南海指广阔的大海，古人以为大地是巨龟驮着漂浮在大海上。炎州可能指非洲，但很奇怪：中国到非洲没有“九万里”啊？这里的“九”是虚指吗？

图片故事：阿兹特克帝国（5）印第安买办集团的灭亡

阿兹特克帝国的科学家发明了著名的药物——奎宁。此时，印第安文明并不比欧洲落后多少，有些还处于领先地位，那时欧洲的火器很落后，有时还不如弓箭实用。

围绕科尔蒂斯的兵力说法不一，综合各种史料和传教士巴托洛梅·德拉斯·卡萨斯著（约 1474～1566，图）的《西印度毁灭述略》（西印度，即印第安）的有关记载（注30），科尔蒂斯可能只有 500～900 人的共济会银团武装，即欧洲殖民者。他们主要依靠的是超过 10 万人，有说是达到 20 万人的印第安买办统帅的印第安雇佣军。

阿兹特克帝国灭亡之后，科尔蒂斯用“细菌战”彻底铲除了印第安买办。

汉朝时期，人们还不能直接渡过太平洋。从中国北方港口出发，向南航行，沿海去非洲，可以不断得到沿岸的补给。固有北岸、炎州之说。这条海路很曲折，大约两万千米。《后汉书·卷88·西域传》记载：与安息、天竺交市于海中，利有十倍。

美洲的印第安帝国与汉朝的交易，一度是在海上。那时从美洲到安息必须走好望角，这个距离就很远了，苏伊士运河是近代工程。东方朔把汉朝到安息近海的航线与大秦帝国商人自报到达此地的航程相加，各有两万千米余。《十洲记》则从侧面和更早的时间，旁证了《后汉书》的记载。

图片故事：子虚乌有的史前玛雅帝国、摩门教、篡改的气候统计结果

印第安玛雅帝国和印第安印加帝国都是殖民者的界定，印加帝国是殖民者对一系列印第安国家的总称，玛雅帝国的殖民时代部分也是如此。19世纪以后，一些人提出的“史前玛雅帝国”和“史前印加帝国”的概念，都是北美共济会，尤其是宣扬末日捐钱救赎论和教主多妻制的摩门教散布的2012年世界末日敛财理论的衍生物。图为电影《2012》的宣传画，背景为“光明的到来”，中间是耶稣像在逆光中倾覆。

该影片宣扬气候灾难的金融骗局成了华尔街与各国买办政治家达成默契、指鹿为马的口头禅。国际气候变冷的事实被篡改为变暖，这一丑闻无人提及（注31）。

3．印第安古国的版图

《后汉书·西域传》记载："（大秦）**地方数千里，有四百余城**。小国役属者数十"。由此可见，印第安大秦帝国的版图纵横几千里，外围还有几十个附属国。南北美洲的印第安文明，可能都起源于大秦帝国。

4．印第安的金融（同上）

以金银为钱，银钱十当金钱一（同上），这个说法特别符合古代中国的贸易和金融状态。中国古代远途的大规模交易用金银，而不使用铜钱。甘英的记载源自贸易记录，而不是大秦帝国老百姓零售交易的记载。

图片故事：子虚乌有的史前玛雅帝国与2012年世界末日论、碳排放本位骗局

各国人民只要接受碳排放本位，不仅国家要亡，拼命劳动的人们也成了发放碳排放许可证的华尔街金融僭主的世袭奴隶和制造碳排放的"罪人"。

这个华尔街媒体宣扬的所谓的公平、公正、稳定的国际新秩序，就是金融奴隶制。这是文艺复兴提出"复兴"的法西斯体制（束棒社会）的翻版。

图为20世纪，有人"找到"的史前玛雅的"太阳神预言"，即魔鬼路西法的预言石板。该预言提出了2012旧世界秩序的灭亡，"公平"、"正义"、"稳定"的国际新秩序的建立。这个体制就是华尔街金融僭主世袭家天下体制，也称为暴力金融主义阶段。

（三）地方保护主义与印第安文明的衰落——印第安丝绸的消失

1．消极后果

甘英渡海未成，明显是安息在施加影响。这是古代中国地方主义对国民经济和政治施加负面影响的经典案例。这个结果让美洲的大秦帝国退化成了所谓的"印第安文明"，汉朝则逐步失去了广袤的领土和盟友。安息自己则日趋边缘化，最后在唐朝时期被新兴的阿拉伯帝国彻底消灭。

2．经济驱动

《后汉书·卷88·西域传》记载，安息阻碍印第安大秦帝国与汉朝中央政府的交往，有很强的利益驱动："土多金银奇宝，有夜光璧、明月珠、骇鸡犀、珊瑚、琥珀、琉璃、琅玕、朱丹、青碧。**刺金缕绣，织成金缕罽、杂色绫**。作黄金涂、火浣布。**又有细布，或言水羊毳，野蚕茧所作也**。合会诸香，煎其汁以为苏合"。

图片故事：恩人的人皮与感恩者的皮靴

1779年，乔治·华盛顿明确训令约翰·苏利文少将："假如把这些印第安垃圾放到移民定居点附近，那么他们将不仅仅泛滥成灾，而且会摧毁美国"，乔治·华盛顿的部下从易洛魁人臀部往下剥皮，用来制作长筒靴（注32）。感恩节的由来是印第安人救了五月花号的共济会移民。共济会的石匠大师乔治·华盛顿率领军队，用恩人的人皮制作皮靴。不了解这些令人毛骨悚然的历史，就无法理解共济会设计的"明天"。

图为玛雅水晶骷髅，现保存于大英博物馆。19世纪，共济会和纳粹联合建立的金融情报机构——"金色黎明"举行召唤路西法仪式时，采用这种所谓的玛雅水晶骷髅。这都是伪造的共济会道具，"金色黎明"就是现在的"新纪元"组织（注33）。"新纪元"与"乐活（低碳）运动"关系很深。

凡外国诸珍异皆出焉。以金银为钱，银钱十当金钱一。**与安息、天竺交市于海中，利有十倍**。其人质直，市无二价。谷食常贱，国用富饶。邻国使到其界首者，乘驿诣王都，至则给以金钱。**其王常欲通使于汉，而安息欲以汉缯彩与之交市，故遮阂不得自达。**

美洲的大秦帝国地广人稀，出产各种宝石、丝绸、细布。随着时间的推移，大秦帝国已经愿意与汉朝建立贸易关系。安息一度控制了条支，美洲大秦帝国的贸易商船，把货物运到非洲之后，必须通过条支和安息的陆地贸易路线才能运往汉朝首都。

图片故事：美洲野牛的悲剧——殖民主义与生态恐怖主义

共济会银团在美洲实施了丧心病狂的生态恐怖主义。跨国银团有三个“创举”：①跨国垄断金融资本第一次通过屠杀整个大洲的人口来夺取土地和财富；②跨国垄断金融资本第一次通过有选择的细菌战和公开的屠杀，进行技术性的种族灭绝；③跨国垄断金融资本第一次通过生态恐怖主义，通过破坏人类生存环境来进行种族灭绝。

“美国政府给印第安部落划出土地范围后，靠捕猎野牛为生的一部分印第安人，依然经常要追踪野牛群，这就使得印第安人的居所不能固定。分散在草原和群山中的印第安部落，即便派出正规军也难以迅速一一剿灭，并且还会遭遇抵抗，纯粹武力清剿印第安人代价太大。因此，这一种族灭绝计划的重要手段之一，就是先灭绝野牛。为此，美国政府在消灭野牛的宏伟计划上拨出巨款，在美国政府的主导下，不到20年的时间，北美野牛的数量从原先的1300多万头，减少到不足1000头”（注34）。

大秦的商船队开始尝试从美洲出发，沿海岸绕道几万里，然后直接在

“中国海”（今印度洋北部）的海域，与汉朝进行船对船的贸易。那时的印度是中国的领土，安息商人夸大去美洲的艰难，有可以理解的经济目的。

3．印第安丝绸的消失与印第安文明的产生

大秦帝国建立于秦朝之后，到了甘英时期依然空前强大。强大不等于先进，美洲大秦帝国的养蚕技术就是一例。甘英之前，美洲大秦帝国还出产各种丝绸，包括**“刺金缕绣，织成金缕罽、杂色绫”**。

图片故事：欧美社会的策略——圈养主义、系统否定、诱导弱化

欧美社会对印第安人实施了系统的否定。18 世纪印第安人还不是光着身子和脚、戴着羽毛、把嘴压扁、专吃生肉的原始形象。奎宁的提取和应用技术就来自印第安国家，毛地黄用作强心剂也是印第安科学家的发明。西方那时还没有强心剂的概念。

图为印第安人的现代生活照片（注 35）。金融资本集团诱使印第安人自我弱化，自我否定，以此实施豢养。他们保留了这样一些所谓的“印第安群落”，告诉人们一段虚假的历史和一个虚假的印第安文明。

甘英记载的是大秦帝国以前和当时的经济与贸易。甘英的记录可能是通过班勇的官方存档得以保存。通过甘英的记载，可以看出美洲的蚕业沦

于粗放。即：**“又有细布，或言水羊毳，野蚕茧所作也”**。这种强大是规模而不是先进，这就埋下了“印第安文明”出现的生产力诱因。

到了东汉末年，美洲大秦帝国的经济规模在继续增强的同时，生产技术水平却在不断退化。汉朝中央政府甚至怀疑这些不入流的产品不是来自美洲大秦帝国。汉朝中央政府甚至感觉，过去甘英等人有关大秦帝国丝绸产业很先进，商品琳琅满目的记录有点夸大了。

图片故事：印第安文字的迷雾

图为目前欧美学者界定的“印第安玛雅象形文字”石板，现存于墨西哥佩林克博物馆。西班牙殖民者的叙述和欧美学者的各种说法大相径庭，有人说印第安人没有文字，有人说印第安人有神秘的史前文化。这些“史前文化”还经常和“旧约”和共济会的神话体系挂钩。

这些更像是近代仿制的图案，而不是古代的文字。象形文字不是图画，而是写意。这些手指甲和胡须都经过仔细描绘的图案，用作文字的可能性不大，用于装饰又太过难看。印第安人的审美并非现在“印第安文化”所展示的那样原始和野蛮，写上如此几百个字，可能需要好多天。

现在一些欧美学者提举的“史前玛雅古书”的真实性有待考证。

《后汉书·卷88·西域传》清晰地记载了这一退化过程，这里仅摘录

一小段：至桓帝延熹九年（166），大秦王安敦遣使自日南徼外献象牙、犀角、玳瑁，始乃一通焉。**其所表贡，并无珍异，疑传者过焉**。

安是中国一个常见的姓氏，安敦是中文名字。大而不强的美洲大秦帝国，可能短暂地控制过条支。大秦的军事经济的粗放性扩张，替代了农业文明的积累与发展。一度辉煌之后，大秦帝国退出非洲，回到美洲，必然要经历一段漫长的、不可逆的、残酷的自我退化和政治内乱。这是一种生产力层面的必然。

这个过程，深刻地反映了东汉末年美洲大秦帝国经历的生产力层面的倒退。大秦一度先进的文明，逐渐被当地的原始经济同化了。后期的印第安文明仅是一个退化的文明——美洲大秦帝国的遗脉。

三、美洲印第安文明的形成与灭亡

大秦帝国的退化，催生了美洲的印第安文明。由于这个缘故，印第安文明与阿拉伯文明、欧洲文明不同，印第安文明的起点是古典农业经济和狩猎经济的混合体。这种奇特的混合经济模式一直延续到近代。

东汉陷入混乱后，再也无人有闲暇记录大秦帝国的情况了。美洲大秦帝国可能在南北朝时期陷入了总崩溃，并逐渐与当地部落混合，出现了严重的经济、政治、文化层面的总退化。

北美印第安文化不算落后，但在古代也并不特别先进。印第安政治层面的部落化程度很高，这与中东阿拉伯帝国兴起后的痼疾很类似。这种文明构架很难完成民族、文化、语言、政权的大一统。

部落经济和部落政权构架，小而不灭、大也不强、征伐不断、外强中干、抱残守缺、缺乏合力。印第安文明稍遇外力冲击，其文明和政权的大厦就会轰然倒塌，迅速退出历史舞台。

印第安的说法是哥伦布误以为到了印度，而把美洲的黄种人称为印第安人。15 世纪，欧洲殖民者开始对北美人民实施有计划、有步骤且残酷和无所不用其极的种族灭绝政策，人们对此必须警钟长鸣！

目前，美洲印第安文化，仅是名义上存在。印第安族群已经丧失了文化和语言的可延续性、自我发展性和经济自持性。北美印第安族群大多处于被主流社会圈养的状态，或者退化，或者消失。

美洲印第安文明曾经辉煌一时，巅峰是纵横几千里的大秦帝国。

图片故事：殖民者的法令——印第安人的头皮价值几何？

图为印第安波南帕克壁画，具体年代有待考证。

一、恩情

美国历史学家凯勒说过：当英国移民乘坐五月花号在1620年登上普利茅斯港（北美）时，他们既无经验又无装备，几乎在荒野饿死。冬季给移民留下的是对饥饿的恐惧和憔悴的身体，一些印第安人来到这里教他们如何在小山上种植玉米，把鱼作为作物的肥料，还带来了野味和其他猎物，妇女们采集植物帮他们抵抗坏血病。秋天来临时，新来的移民们决定表达他们对得救的感激之情。1621年12月25日，当白人移民和红种土著人坐在一起举行盛宴时，感恩节诞生了[①]（注36）。

二、上帝的旨意，还是路西法的旨意？

美国学者对消灭印第安人的细菌战，有过这样的记载。“相对而言，印第安人不存在欧洲的流行病，这几乎没有什么疑问。例如，天花和麻疹肯定不存在，而且，疟疾、黄热病、伤寒、斑疹伤寒和性病都可能是从旧世界带来的”[②]。

“天花病消灭了很多印第安人部落，为白人开辟了道路，使白人通过最少的冲突就占领了一些地区……在战争年代，天花病虽然是一个危险的“盟友”，但却常常是欧洲人战胜印第安人的决定性因素”[③]。

“一些17世纪的英国殖民者把在印第安人中传播这种疾病看做上帝

的旨意，因为他们（指印第安人）是魔鬼的孩子”④。

三、法令

五月花号的共济会移民在印第安人的帮助下，在北美地区安家落户。他们立刻开始屠杀恩人，并以法律的名义。美国历史学家记载下了这些血淋淋的法律：“马塞诸塞殖民当局在1723年付出100英镑作为取得每一个印第安人头皮的奖金，正好像把奖金付给打死一只狼的人一样”⑤。

“宾夕法尼亚对每一个12岁以上的男性印第安人的头皮支付130西班牙银元，对每一个印第安女人的头皮支付54西班牙银元”⑥。

1786年，约翰·杰伊在信中有这样的话：“印第安人已经被我们冷血的人民所残杀而未得到报复”⑦。

四、思索

我们永远也不能忘记：美洲大秦帝国的子孙被共济会银团有计划地通过包括细菌战在内的技术性措施，成功实施了种族灭绝，原因只是为了强夺土地和财富。同样还是这个共济会，目前公开提出了世界货币、世界央行和世界政府的理论，并提出要将世界人口缩减到5亿（注37），而且还公开提出用疫苗等手段“降低人口”（注38）。

美洲印第安文明的湮没，印第安帝国的那些腐朽、没落、贪婪、短视、可耻的国王和买办们，负有很大的责任。印第安人民用血泪书写了一条宝贵的经验：携敌自重，国将不国；资敌买好，缘木求鱼；买办之害，祸及子孙。

一句话：国际争斗无君子，生死相搏非儿戏。

注　释

1.（西汉）司马迁.史记·卷77·列传17·魏公子列传

背景小注：魏公子，即名声极好的信陵君。司马迁记录了“窃符救赵”中的侯生的一段话：“公子喜士，名闻天下。今有难，无他端而欲赴秦军，譬如以肉投馁虎，何功之有哉？”“窃符救赵”这件事短期看似乎杀伐决断，颇有见识。实际信陵君是暗杀了本国忠心耿耿的军事将领，乱军篡政，去救他姐夫的国家。这带来了严重的政治后果，魏国后期军队离心离德，谁也不为这些膏粱子弟卖命了。代理人有多种嘴脸，信陵君是赵国扶植的代理人。魏公子信陵君抗秦，牺牲的是魏国的根本利益。

2. 江晓美.（金融刺客系列）海上马车夫——荷兰金融战役史.北京：中国科学技术出版社.2009
3. 北日耳曼家书（1876～1899）.瑞典：瑞典北日耳曼家书.1876
4. （西晋）崔豹.古今注 · 问答释义
   文献摘录：程雅问曰："尧设诽谤之木，何也？"答曰："今之华表木也。以横木交柱头，状若花也，形似桔槔，大路交衢悉施焉。或谓之表木，以表王者纳谏也。亦以表识衢路也。"
5. 赵雷.抢占座位.中国黄金网刊载：http://www.gold.org.cn/ztbd/lh2009/hx03.htm
6. 王巍.美国人在京卖月球土地称筹建银河系管理星球.新华网刊载：http://news.xinhuanet.com/house/2005-10/20/content_3652304.htm
7. （东汉）班固.汉书 · 卷 96 · 西域传上 · 安息
8. 江晓美.（金融刺客系列）开国的苦斗——美国金融战役史.北京：中国科学技术出版社.2009
9. （南朝宋）范晔.后汉书 · 卷 40（上）· 列传 30（上）· 班彪列传
   文献摘录：既而有人上书显宗，告（班）固私改作国史者，有诏下郡，收（班）固系京兆狱，尽取其家书。先是扶风人苏朗伪言图谶事，下狱死。（班）固弟（班）超恐固为郡所核考，不能自明。
10. （南朝宋）范晔.后汉书 · 卷 47 · 列传 37 · 班梁列传 · 班超传
    包括：注 11、注 15
11. 同注 10
12. （南朝宋）范晔.后汉书 · 卷 88 · 列传 78 · 西域传
    包括：注 14、注 18、注 22
13. 詹全友.印第安文明沉浮录.成都：四川人民出版社.1999
14. 同注 12
15. 同注 10
16. （南朝宋）范晔.后汉书 · 卷 47 · 列传 37 · 班梁列传 · 班超传 包括：注 20
    文献摘录：十八年（即永平 18 年，公元 75 年）……肃宗初即位，以陈睦新没，恐（班）超单危不能自立，下诏征超。超发还，疏勒举国忧恐。其都尉黎弇曰："汉使弃我，我必复为龟兹所灭耳。诚不忍见汉使去。"因以刀自刎。超还至于寘，王侯以下皆号泣曰："依汉使如父母，诚不可去"。互抱超马脚，不得行。
17. （美）约翰 · 海明.血红的黄金 · 征服印加.美国：哈佛大学出版社.1978
18. 同注 12
19. 乔颖.美国"虎人"讲述生活 · 喜欢爬树每天吃肉.人民网刊载：http://pic.people.com.cn/GB/42590/7866067.html
20. 同注 16
21. 罗新.吐谷浑与昆仑玉罗新.北京：中国史研究（中国社会科学院历史研究所）.2001，第 1 期（季刊）第 44 页至第 53 页
22. 同注 12
23. 骊靬古城——揭开古罗马军团失踪之谜.新华网甘肃频道刊载：http://www.gs.xinhuanet.com/kejiaopd/2005-03/04/content_3819708.htm
    文献摘录：汉政府在祁连山麓始置骊靬县以安置战俘。几乎在罗马帝国向安息要

求遣返战俘时，西汉的版图上出现了一个定名为骊靬的县城。从《汉书》到《隋书》都有准确无误的记载。

小注：中国史书从未记载过与罗马帝国的交战，这段话是的误导。罗马帝国也从未与安息交战。波斯帝国与罗马帝国交战的说法源自《圣经》和文艺复兴羊皮书，不是历史。文艺复兴羊皮书之前并不存在，是欧洲宗教历史化的神学产物。安息是汉朝的领土。从历史学的角度来说：没有史前的罗马帝国。文艺复兴时期的古罗马、古希腊羊皮书，属于“伪托”。

24. 汪受宽.骊靬县名由来与设置年代检论.兰州：敦煌学辑刊.2000，第 1 期（季刊）第 114 页至第 120 页

文献摘录：自从古罗马军团安置骊靬县的说法传开以后，汉代河西的这一小县遂成为学界和社会关注的热点……（本文提出此地）原为匈奴犁汗王牧地，后讹写为骊靬的意见，并通过对《汉书》与《说文解字》记载矛盾的分析，论证骊靬县当设于公元前 121 年汉武帝开河西设武威郡后不久……德效骞是古罗马军团降人安置河西说的首作俑者。其实，所谓古罗马军人降汉说是空穴来风，于史无据……德效骞的悲剧还在于其对中国文化的无知……班固所作《汉书 · 地理志》，记载西汉政区状况及人口数，为汉平帝元始二年，即公元 5 年的数据……《汉书 · 地理志》政区及其人口状况书写至公元 5 年，不等于其中所述所有的行政区划皆于当年设置，这是一个常识性的问题。德效骞竟然将此年定为西汉设置骊靬县的年代，真大谬矣！

25. （东汉）班固.汉书 · 卷 70 · 列传 40 · 傅常郑甘陈段传 · 陈汤传

文献摘录：前至郅支城都赖水上，离城三里，止营傅陈。望见单于城上立五彩幡帜，数百人披甲乘城，又出百余骑往来驰城下，步兵百余人夹门鱼鳞陈，讲习用兵。城上人更招汉军曰“斗来！”百余骑驰赴营，营皆张弩持满指之，骑引却。颇遣吏士射城门骑步兵，骑步兵皆入。延寿、汤令军闻鼓音皆薄城下，四周围城……单于乃被甲在楼上，诸阏氏夫人数十皆以弓射外人。外人射中单于鼻，诸夫人颇死……延寿、汤上疏曰：“臣闻天下之大义，当混为一，昔有康、虞，今有强汉。匈奴呼韩邪单于已称北藩，唯郅支单于叛逆，未伏其辜，大夏之西，以为强汉不能臣也。郅支单于惨毒行于民，大恶通于天。臣延寿、臣汤将义兵，行天诛，赖陛下神灵，阴阳并应，天气精明，陷陈克敌，斩郅支首及名王以下。宜县头槁街蛮夷邸间，以示万里，明犯强汉者，虽远必诛”。

小注：该段历史记录清晰。包括敌我态势，作战目的和地点，甚至记录了士兵之间的叫骂“斗来”和单于出战！这样的历史被曲解为罗马帝国远征的佐证，罗马帝国远征波斯是“新约”的神学内容，出现很晚。

26. 江晓美.给口渴的人一杯水:古巴比伦财经故事.北京：中国科学技术出版社.2011

27. 摩门经 · 奥姆乃书 第 14 段至第 17 段

文献摘录：主派遣摩赛亚的人民带着那记载着犹太人记录的铜叶片来到他们那里 · 柴雷罕拉更是非常的高兴。摩赛亚发现 · 那柴雷罕拉人是在犹太人王西底家被俘往巴比伦的时候从耶路撒冷出来的。他们曾旅行在荒野中 · 由主的手带领着。渡过了大海 · 进入了摩赛亚发现他们的地方 · 从那时起他们就一直居住在那里。在摩赛亚发现他们的时候 · 他们的人口已经非常繁殖了。

小注：这里的铜片，摩门教得到的“摩门金片”，请参看：江晓美.（金融人物新传⑤）美元世界奠基人：富兰克林 · 罗斯福.北京：中国科学技术出版社.2011

28. 江晓美.智慧与勇猛的金字塔：古埃及财经故事.北京：中国科学技术出版社.2011
29. 蔡小玉.前苏联天花病毒试验曾酿成灾难.新浪科技刊载：http://tech.sina.com.cn/o/2002-06-17/121147.shtml
30.（西班牙）卡萨斯，孙家堃译.西印度毁灭述略.北京：商务印书馆，2009
31. 江晓美.（金融刺客系列）飘散的烟云——世界金融战役史.北京：中国科学技术出版社.2010
32.（美）斯坦纳德·大卫.美洲的大屠杀.纽约：牛津大学出版社（美国分部）.1992 第 118 页至第 121 页
33. 江晓美.（金融人物新传⑤）美元世界奠基人：富兰克林·罗斯福.北京：中国科学技术出版社.2011
34. 刘仰.中国没有榜样.北京：人民日报出版社.2009 （第一部分·美国不是榜样·"美国人民"不包括印第安人 3）
35. 坦诚豪放与裸露·印第安民族的原始美.东方网刊载：http://society.eastday.com/eastday/news/node37955/node37958/node37990/node56742/userobject1ai1012954.html
36. 张长弓，李树杰.美国印第安人人权问题的历史考察——美国等西方国家书刊摘编.北京：高校理论战线.1991，第 05 期（月刊）

小注：下为直接文献的原始文献标注，缺少原始文献的出版机构。本注释和正文中有关相关注释内容"①～⑦"的译文引用，均来自直接文献《美》文。

①（美）凯勒，（美）艾伦.殖民地的美国.纽约：未注.1971 （第 20 页～第 21 页）

②（美）尼科尔，（美）罗杰.美国的印第安人.纽约：未注.1981 （第 63 页）

③同"②"，第 73 页

④同"②"，第 62 页

⑤（美）穆尔.美国的印第安战争.宾夕法尼亚：未注.1842 （第 181 页）

⑥（美）马德奥德.美国的印第安边疆.纽约：未注.1928 （第 401 页）

⑦（英）基尔南.美国——新帝国主义.伦敦：未注.1978 （第 240 页）

37. 何新著.统治世界：神秘共济会揭秘.北京：中国书籍出版社.2011（附录：共济会设立巨型石碑要将人口控制在 5 亿之内）
38.（美）比尔·盖茨.创新到零（暂译）."TED Conferences, LLC" 网站发布（视频文献）：http://www.ted.com/talks/bill_gates.html

文献标注仅为背景介绍，诸多索引未及罗列，特此致谢。本书索引文献生僻较多，很多来自电子图书。电子版图书制作过程中，有时页码与纸书稍有出入，为了可靠起见，除了可以确认纸书页码的文献和重要文献，均不标注页码。

https://sites.google.com/site/homeofjiangxiaomei/
http://abeautifulmind.blog.hexun.com/
homeofbeautifulmind@gmail.com
beautifulmin1711@sina.com

晓美工作室 2011 年 8 月 北京

《中国金融故事》

（一）《金融奇谋：管仲与吕不韦》
（二）《金融宰相：王安石与贾似道》
（三）《跨国金权：李鸿章与袁世凯》
（四）《货币谋国：霍光与王莽》
（五）《金融奇才：诸葛亮与关云长》
（六）《乱世金融：南北朝的恶斗》
（七）《乱世铸币：五代十国货币战争》
（八）《史海遗案：突然衰败的古代热兵器》
（九）《金融砥柱：新中国金融第一战役》
（十）《金色河流：红色政权与金融战役》

《金融人物新传》

（一）《华尔街霸主：J. P. 摩根》
（二）《金融战专家：乔治·索罗斯》
（三）《银行家的“宠儿”：乔治·华盛顿》
（四）《美联储“小雇员”：“欧元之父”蒙代尔》
（五）《美元世界奠基人：富兰克林·罗斯福》
（六）《光照会的背叛者：约翰·肯尼迪》
（七）《金融皇帝：拿破仑》
（八）《金融情报员：达·芬奇》
（九）《苏联金融战役与罗纳德·里根》

《文明古国财经故事》

（一）《一头牛就是一座神殿：印度财经故事》
（二）《智慧与勇猛的金字塔：古埃及财经故事》
（三）《给口渴的人一杯水：古巴比伦财经故事》
（四）《山神的圣歌：古希腊、古罗马财经故事》
（五）《没有恩人的感恩节：印第安文明故事》
（六）《长矛与步枪：非洲金融热战》
（七）《金融微澜：拉丁美洲脆弱的握手》